憂国の会計・監査・ガバナンス

八田進二 著
HATTA Shinji

同文舘出版

はしがき

大学2年次に、「簿記原理」という学科目を選択履修したことが契機となり、その後、半世紀を超え今日に至るまで、一貫して会計を取り巻く環境に身を置いてきている。その間、簿記の検定試験や税理士試験、さらには公認会計士試験など、広く会計専門業務に就くための勉学を経験してきた。大学院に進学後は、会計および監査の歴史や基準、日米の会計および監査制度、さらには、会計プロフェッションの在り様等についての研究を行ってきた。その結果たどり着いた1つの結論は、経済先進大国と言われてきたわが国ではあるが、その実態は、まさに「会計後進国」の誹りを免れない、悲しい状況にあるのではないかという思いである。

世界広しといえども、わが国ほど、簿記の勉強を重視する国はないであろう。というのも、およそ会計を学ぶときの「会計学事始め」として、誰もが何の疑いもなく、簿記の勉強を勧めるのである。ここにいう簿記とは、当然に「複式簿記」のことであり、今日の経済社会における企業等の活動の実態を描写するための技法（ツール）に過ぎず、まさに、「経済言語」とも称すべきものなのである。したがって、かかる技法を理解することは、経済社会に身を置く者としての最低限の素養であり、それを身に着けることは、会計を正しく理解するための糸口ではあるが、社会科学としての会計学の本来的機能を学ぶこととは必ずしも直結しない。

つまり、Aoounting（アカウンティング）を翻訳した会計(学)は、そもそもの語義を有するaccount for ～が有する意味、すなわち、「説明する」「報告する」「責任を持つ」ということこそが、本来的な意味合いを表しているのである。それは、今日、何か責任を問われるような場合に、必ず用いられるようになった言葉としてのAccountability（アカウンタビリティ）、すなわち、「説明責任」を果たすという意味合いに通じる、との理解が重要である。したがって、ここでの実質的な意味は、まさに簿記技術を駆使して作成される会計報告書を通じて、当該企業等の活動の実態を誠実に説明することで、すべての関係者の理解と納得を得ることができるということである。

こうした理解が得られるのであれば、経済社会におけるあらゆる不正ないしは不祥事は、詰まるところ、会計的視点での責任が履行されてないということから派生している開示不正が大半だということがわかる。すなわち、会計不正の象徴である粉飾経理に始まり、データ改ざんによる検査不正や品質不正、さらには、詐欺的な商品広告等、すべてが事実に即した真実な情報の開示になっていない。そのため、当事者に課せられているアカウンタビリティを誠実に履行しておらず、結果として、すべての利害関係者（ステークホルダー）の意思決定を誤らしめる恐れがあることから、社会的にも重大な問題を惹起させるのである。

そこで、不特定多数の関係者が利用する可能性のある情報の場合、特に、その信頼性を保証する観点から、独立の第三者による監査が求められるが、情報の開示も監査も、共に、活動や実態の後追い作業に過ぎない。そのため、真に正しい活動や行動が保証されることこそが、アカウンタビリティの履行に際して、極めて重要である。それは、企業活動の場合に求められる、組織における健全なガバナンス体制であり、その内実として、有効な内部統制の整備・運用と捉えることもできるであろう。

筆者自身、会計や監査の研究、教育そして実務を取り巻く環境の中で、会計、監査そしてガバナンスにおける問題を見据え、それに対して警鐘を鳴らすとともに、必要な処方箋を提供することを心掛けてきている。本書では、そうした視点で、これまでにいくつかのメディアを通じて発信してきた小論を、５つのカテゴリーに分けて整理している。したがって、読者におかれては、関心のあるカテゴリーに分類されている小論からお読みいただくことで、問題意識の共有を図っていただければと願っている。その後、他のカテゴリーに分類の小論を読み進めていただくことで、最終的に、会計と監査、さらにはガバナンスを取り巻くすべての課題を包括的に考察することが、極めて重要であるとの結論に達することができるものと思っている。

本書の根底に流れている思いは、わが国の場合、会計において、監査において、はたまた、ガバナンスにおいても、きわめて多くの課題が山積しているということ、それは、国を挙げて、会計の原点ともいえるアカウンタビリティに対する認識ないしは理解が、極めて希薄であるからに他ならないのである。願わくば、本書を通じて、憂国ともいえるわが国の会計後進国との汚名払拭に、少しでも貢献できればと願っている。

なお、本書に収録した小論については、『朝日新聞』の「経済気象台」、ジャスネットコミュニケーションズ株式会社の『アカウンタンツマガジン』および一般社団法人日本取締役協会の『Corporate Governance』に掲載されたものであり、今回、このような形で再録することができたことに心より感謝申しあげる。

最後に、市場性の乏しい今回の書籍出版を可能にしていただいた同文舘出版株式会社の中島豊彦社長、そして多くの要求事項を受け入れていただいた同社取締役の青柳裕之氏に、心より感謝申し上げる次第である。

２０２４年８月３日

今こそ、会計後進国からの脱却を目指して

八田　進二

憂国の会計・監査・ガバナンス◎目次

第1部　会計編

第2部 監査編

第3部 ガバナンス編

第4部　教育編

第5部 社会編

憂国の会計・監査・ガバナンス

第1部

会計編

【掲載誌・略表記】
経済：経済気象台
AM：Accountant's magazine
CG：Corporate Governance

原則主義の前提

グローバル経済を象徴する事項として、会計基準の国際的統一問題がある。つまり、ＩＦＲＳ（国際会計基準）の適用問題である。

このＩＦＲＳの内容を論ずるときに用いられる枕詞《まくらことば》が、ＩＦＲＳは原則主義に基づいたものであり、企業サイドに裁量の余地が多分にあるということ。そのため、現行の会計基準適用よりも粉飾に利用される場合が増えるといった誤解も見られる。そもそも原則主義というのは、規則主義に対比される考え方で、大本となる基本的な考えを示したうえで、個別・具体的な処理などについては企業の的確な判断に委ねるというものだ。

つまり、個々の取引や経済行為にかなう会計処理などを詳細に会計基準として規定するのではなく、企業の主体的判断を尊重するというもの。その意味で、規則主義が子供の世界の規範だとすれば、原則主義は、まさに誠実な大人の世界の規範の前提をなす考えといえる。

会計の場合、原則主義が有効に機能するためには、会計判断を下す当事者において次の三つの前提が備わっていなければならない。

まず、会計基準に対して適切な判断を下すのに必要な専門的知識を保持していること。次に具体的適用に際して倫理観および誠実性を発揮できていること。最後に、原則を貫いたり、原則から逸脱したりした場合に適切な説明責任を履行できること。つまり、この専門性、倫理性および説明責任を備えた者が会計に関与することで、はじめて原則主義は受け入れ可能となるのである。

こうした前提を度外視して、企業は、自由裁量の世界で会計基準を恣意的に駆使することが可能と考えていると、大やけどを負うことになる。


（経済　2014年11月19日）

会計後進国のツケ

衆議院の解散・総選挙をもたらした一因に、「政治とカネ」の問題があったと言われている。複数の国会議員の政治資金収支報告書に虚偽記載やその使途の妥当性に重大な疑念があると指摘されたことで、再び、日本の政治に対する不信感が増幅されたのである。

わが国の戦後会計学の祖とも称すべき太田哲三は、「数字はウソを言わぬもの」と記して、会計の重要性を唱え続けた。確かに、上場企業や大規模企業の会計については、詳細な財務報告と厳格な監査が義務づけられており、透明性の高いディスクロージャー（情報開示）がなされている。

しかし、国の会計制度を始め、多くの地方自治体においては、記録の原点とされる複式簿記の手法すら導入されていない。収支報告は単年度のみで、バランスシート（貸借対照表）は作成されない。バランスシートは特定時点における財務の状態を知るための重要な情報である。それすらないことで、その経済主体が置かれている財務状態が全く見えないのである。

国の債務残高が1千兆円を突破しているが、これが企業であればバランスシート上の債務超過で実質破綻状態にあるはずである。

わが国の場合、事実を適切に開示して、すべての関係者に活動の実態を説明するといったアカウンタビリティ（説明責任）に対する認識が欠落している。それは、アカウンタビリティの原点であるアカウンティング（会計）に対する認識が乏しいことからも明らかである。

適切な情報開示のないまま、国民は巨額の債務の弁済を求められてきている。会計後進国がもたらしているツケは、あまりにも大きい。

（経済　２０１４年12月12日）

説明責任を果たすためには

社会の信頼を裏切るような不祥事が発覚すると、きまって問われるのが、早期の謝罪と同時に、事の経緯について説明責任を果たしたかどうか。その真意はアカウンタビリティを履行せよということである。ただ、責任という意味合いの英語にはリスポンシビリティという語もあり、両者は必ずしも明確に識別されていない。

リスポンシビリティは、指示された役割や業務を誠実に実行することで果たせる履行責任で、あくまでも個人の問題である。一方、アカウンタビリティは、真実で適切な情報の開示により、事の経緯について説明し、関係者の理解と納得を得ることで果たせる公的な結果責任で、会計と訳されるアカウンティングと相通ずるものがある。

企業不正の中でも粉飾決算は、組織内の担当者個人の履行責任として問うのではなく、真実で適切な情報の開示を行っていない組織責任者の結果責任として厳しく問われるべき性格のものである。

わが国の場合、個人が果たすべき役割については、それぞれが忠実に履行義務を果たしている場合は多い。しかし、最終的に責任を負うべき立場の者が、自身の履行義務を含め、役割を適切に果たしたことを説明できていない場合が多い。

とりわけ、企業の経営者や社会的に責任ある立場の者の場合、関係者から納得してもらえて初めて、信頼を得ることが可能となる。そのためには、真実かつ適切な情報の開示を基に、納得しうる説明を継続することが不可欠である。

政治資金などの公私混同疑惑で、舛添要一東京都知事の対応は、説明責任の履行とは相いれない、きわめて稚拙かつ不当なものである。到底社会の理解は得られない。

（経済　2016年6月15日）

ＡＩは逆風か、追い風か

英オックスフォード大の研究者が２０１３年に公表した論文「雇用の未来」は、社会に衝撃を与えている。７０２職種がコンピューターに代替される確率を試算、ＡＩ（人工知能）の進展により、高度な専門的判断が求められる業務もその多くがコンピューターに代替されるという。

公認会計士の監査業務もそのひとつ。識者の中には会計帳簿の点検や関連資料の整合性検証の多くは、不正取引の事例をＡＩに学習させることで、虚偽内容を素早く見抜けると考える者もいる。

しかし、そもそも会計とは取引事実を正しく「認識」し、金額面での測定を行った結果を複式簿記の原理に従って記録し、その集約を財務諸表にして報告するものである。「認識」の不正をＡＩが的確に見極めることは至難の業である。というのも、会計基準の適用に際しては、将来見積もりなど経営者の主観的な判断が介在する場面も多く、同一の取引事実の認識で異なった測定と記録が容認されることもある。そうした主観的判断の総合的表現とされる財務諸表であるからこそ、独立の第三者である会計専門職業人である公認会計士の監査により、その信頼性を保証することが不可欠なのである。

ただ、複雑かつ高度な判断が求められる取引案件は、従来以上に詳細かつ客観的な証拠を入手して、専門的な立場からの検証と判断を行うことが監査人に求められており、公認会計士の業務もそうした方向へ転換が求められている。

監査人は人海戦術に近い定型的な検証業務の多くをＡＩに任せ、非定型的かつ主観的な判断の介在する内容の検証に多くの時間を費やせばいい。ＡＩの進展は監査の品質向上に追い風となる。

（経済　２０１７年2月15日）

「真実な財務報告」と監査

２０１５年に発覚した東芝の不正会計は、過年度の有価証券報告書の訂正と会社及び新日本監査法人に対する課徴金処分をもって、区切りがつけられたはずであった。その後、ＰｗＣあらた監査法人に交代したが、６月末になっても２０１７年3月期決算に監査意見の表明がなされない異常な状態が続いた。

米国子会社の買収により生じたのれんの評価について、東芝がいつ、どのような根拠によって減損の認識を持ったのかが問われていたようである。しかし、その判断の適切性については、あくまでも経営判断の一環として、合理性が問われるべきものである。

そもそも、会計とは継続する企業活動の実態を描写するために、人為的に期間を区切って経営成績と財政状態を明らかにするプロセスだ。成果としての財務諸表は「記録と慣習と判断の総合的表現」であって、単なる事実の記録ではない。会計基準によって認められた慣習的方法と経営者の主観的判断の所産であり、そこでの計算結果は暫定的なものとならざるを得ない。

その意味で、企業会計で求められる真実な情報とは、絶対的な真実性ではなく、あくまでも幅のある相対的な真実性である点に留意すべきである。

したがって、経営者も監査人も、認識時期については、見積もりや予測といった主観的な要素をも考慮しながら、合理的に判断することに心血を注ぐ必要がある。

後知恵的な視点から、かつての判断の当否ないし適否を問うことは、かえって会計及び監査の信頼性をそぐことになりかねない。一定の期間の中で適切な情報をもとに合理的な判断を行うことこそ、投資家保護に根差した監査なのではないか。

（経済　2017年6月30日）

内部統制議論の広がり

金融商品取引法が2007年9月30日に施行されて10年。上場会社に導入された内部統制報告制度は不正会計の防止と公認会計士監査のさらなる充実を企図したものであった。残念ながら、その後も不正会計は根絶されず、内部統制は無力ではないかとの指摘も見られる。しかし、企業不正や従業員不正に対して社会の目がより厳しくなり、有効な内部統制を確保しようとする意識は明らかに高まっている。

不正や不祥事が後を絶たないのは、何も営利法人に限ったことではない。非営利法人や公的機関なども同様であり、不正防止に向け、内部統制の有効性を確保するための規定が盛られてきている。

例えば、2014年の独立行政法人通則法改正では、監事・会計監査人の役割と権限の拡大、内部統制システムの整備の義務化などにより内部ガバナンスが強化された。17年の地方自治法改正でも、事務を適正に処理するうえで、地方公共団体がリスクを評価して、自らコントロールする仕組みとして内部統制の強化が図られている。

内部統制のガイドラインを公表している米トレッドウェイ委員会支援組織委員会（ＣＯＳＯ）の報告書では、内部統制議論は、組織規模の大小、公か民間か、営利か非営利かを問わず、あらゆる事業体ないし組織体にとって不可欠だとする。法制度として義務化されるときは組織目的を阻害する不正防止に力点を置かざるを得ないが、内部統制は本来、組織の健全な発展と繁栄に資する点に主眼があることを銘記すべきである。

今後は、経営戦略の履行や業績向上に結びつく視点から、全社的なリスクマネジメント（ＥＲＭ）の議論が推進されることになるであろう。


（経済　２０１７年９月22日）

「真実な記録」の重み

「心せよ、数字はうそを言わぬもの」

これは、わが国の戦後の会計制度の発展に多大な貢献をした公認会計士、故太田哲三博士の箴言《しんげん》だ。つまり、真実な決算書は企業の実態である経営成績や財政状態を忠実に描写するものであり、粉飾などの不正は必ずばれてしまうということである。正しい情報が与えられないと、誤った判断や意思決定を行うことになり、結果として、関係者すべてに不幸が訪れることになる。

これは数字に限ったことではない。保存すべき重要な情報は真実なものでなければならない。その情報こそが、関係者の行動を如実に示すからである。

昨今、複数の国の機関で問題となっている情報の隠蔽《いんぺい》、改竄《かいざん》、保管の不備などは、単なる手続き上のミスではなく、明らかに不正の部類に属する極めて悪質な行動である。まして国民の奉仕者として、自らの行動を適切に記録し、その真実な記録を適時に開示することで、納得のいく説明責任を履行することが求められる公務員としては、あるまじき行為といえる。

説得力を持たない、あるいは、単なる伝聞による証拠などを振りかざし、冗舌に語ることで説明責任を果たしたなどと豪語する関係者のいかに多いことか。そうした不誠実な言動は、かえって信頼性を低下させることを肝に銘ずるべきだ。

一方、2017年秋から相次いで発覚した複数の企業のデータ改竄問題は、真実な記録の重みを否定する不祥事だといえる。

あらゆるところで露呈している情報の信頼性低下の問題を克服するためにも、「決してうそをついてはならない」という教えの意味を、いま一度すべての関係者が考えるべきであろう。

（経済　2018年4月10日）

私の〝予言〟が当たらぬよう、公認会計士試験制度の見直しを！

２０１７年4月、私は新聞のインタビューに答えて「米エンロン事件のような不正会計が日本でも10年以内に起きるのではないかと懸念している」と答えた。実はこれは、２００６年頃に「今から20年以内に起きるのではないか」と指摘した、私の以前からの持論である。早いもので、あれから10年が経ってしまった。

巨額の粉飾決算に大手会計事務所の関与が指摘されたエンロン事件が発覚したのは、２００1年のことだ。その後、芋蔓式に公開企業の不正会計が露呈するのだが、それらの監査を担当していた「働き盛りの40代」が公認会計士になったのは、遡ること20年前の１９８０年頃である。

当時米国は、「会計士受難の時代」だった。企業の倒産や不正を事前に察知できなかったことを理由に、監査担当事務所が相次いで提訴され、巨額の損害賠償で自己破産するパートナーなどが続出したのだ。そのため、会計士になりたいという前途有望な若者は減り、その結果、会計士試験の合格者のレベルは低下した。

何を言いたいのか、もうおわかりだろう。巨額の損失隠しに監査人が加担するような事態は、監査業界における20年前の〝需給環境〟に起因する会計士の質の低下が表出したものだった。それが私の見立てなのだ。

日本に話を戻すと、では2006年に何があったのか？ 答えは、公認会計士法の改正による会計士試験の簡素化＝試験合格者の増加である。会計士の不足を主な理由にした改革で、4000人を超える合格者を出した年もあった。むろん「新試験」で合格した会計士のすべてがレベルが低い、などというつもりはないが、これだけ数が増えたらそういう人たちのウェートが高まるのは、理の当然だろう。ここ数年は1000人超で推移しているものの、受験者自体が減り、1万人を大きく割り込むような状況にあることを考えると、〝質の低下〟は進行中だと考えなければならない。

単に合格ラインを下げただけでなく、受験資格要件を撤廃し、正規の高等教育機関での〝学び〟と切り離した罪は、ことさら大きい。監査で必要とされるはずの経済や市場、ビジネス、国際環境などに関する見識が乏しく、一般教養が未熟な会計士を多く出すことになってしまったからだ。これから10年後、監査現場の責任者となるのは、そういう会計士たちだ。ますます巧妙化する不正を見抜く力、そういうものに手を貸さない倫理観が、果たして彼らに備わっているのだろうか。

実際、現場では将来を暗示するような出来事も起こっている。2017年、『朝日新聞』は、多数の会計士実務補習生が、提出するレポートでコピペや論文の盗用などの不正を働き、処分されていたと報じた。〝劣化〟がここまで進んでいる事実を、重く受け止めなければいけない。

20年を待たずして、オリンパスや東芝の事件が起こったのは、やや想定外ではあった。ただ、そこから教訓を汲み取って、今度こそ適切な監査が貫徹されるだろうか。残念ながら、監査を行う側に、こうした根源的な問題が横たわる以上、楽観的に過ぎると言わざるを得ない。

現状、会計士が不足していることは承知している。しかし、目先にとらわれていれば、私の〝予言〟の確度は高まるばかりだ。今必要なのは〝量より質の確保〟なのである。あらためて、会計士試験制度の見直しを提言したい。現行制度の弊害を肌で感じているはずの大手監査法人や日本公認会計士協会が、率先して行動することを願っている。

（AM　2018年6月1日）

ほかに譲ることのできない崇高な役割。公認会計士の特権であり使命である

本稿は、2期にわたりかかわってきた「藤沼塾※」の番外編として「会計、監査領域の判断」について述べたいと思う。例えば刑事裁判であれば、裁判官の判断は基本的に有罪か無罪かのどちらかだ。だが、会計の場合は同じ経済活動なのに、異なる〝意見〟になることがありうる。そこが他分野の人たちからすると、理解しづらい。

財務諸表は、「記録と慣習と判断の総合的表現である」というのが会計の基本である。ここでいう〝判断〟とは、経営者の主観的判断のことだ。そこには将来予測や見積もりを織り込んだ評価も含まれるし、認められた複数の会計方針の中から、いずれを選択するかは経営者の裁量に任される。選択した会計方針の違いにより利益の数字は異なってくるが、それがGAAP(一般に公正妥当と認められる企業会計の基準)に則っている限り、いずれも正しい。決算数値が一義的には決まらない、あえていえば〝暫定値〟にすぎないというのは、会計の宿命なのだ。

とはいえ、利用者からすれば〝宿命だから〟で終わっては困る。暫定値だからこそ、できる

だけ恣意的なものを排除し、誰もが納得できる客観的な数字でなければならない。そこで必要になるのが、独立した専門家の行う監査である。会計監査は、「この決算は適正だ」というお墨付きを与えることにより、経営者のアカウンタビリティを実質的に解除する役割を担う。監査のプロは、自らの判断がそういう重要な意味を持っていることを、常に意識する必要がある。

では、「専門的な判断を下す」とはどういうことか？　私は、以下の行為だと定義する。

①自ら有する専門的知識を踏まえ、②判断の基礎となる基準に準拠し、③判断の根拠となる客観的な証拠を入手して、④自身の意見ないし主張を社会に公表するとともに、⑤その結果については、最終的に全面的な責任を持つという覚悟のもと、⑥必要とされる説明責任を負うことを宣言する。

そうした判断を下すための会計監査については、「批判的機能」と「指導的機能」があるとされている。前者は、財務諸表の適否などを公正妥当な会計基準に照らして批判する根源的な機能であり、後者は、会計上の欠陥を補正し、適正な財務諸表を作成するよう、会社に対して必要な助言・勧告を行う機能である。これらの機能を的確に遂行することで、監査人に対する信頼を高めることができる。

ところで、第二期「藤沼塾」のテーマをProfessional judgementとした直接のきっかけは、

2015年に起きた東芝の「不正会計事件」にある。東芝の決算に関しては、会社が行ってきた会計判断と、前任監査法人および後任監査法人の監査判断、さらに会社の監査委員会の判断において、それぞれに異なった〝4つの判断〟が存在したままになっている。そのため「いったい〝専門家の判断〟とは何なのか？」という根源的な疑問を、改めて惹起させられたからである。

〝東芝問題〟は、いまだ終わっていない。監査人の「意見不表明」をはじめ、株主や社会全体にとってわかりづらい事態が放置され、「監査がブラックボックス化している」との報道も盛んに行われた。会計、監査の世界にいる我々自身が、その説明責任のあり方などについて改めて検討し、信頼回復に向け努力しなくてはならない。

「責任を持つ覚悟」とは、自らの見識に従って責任ある判断を下すことであり、それこそ、プロにとって最高の喜びでもある。公認会計士はほかに譲ることのできない崇高な社会的役割を担っていることを自覚し、日々、研鑽を積んでほしい。

（AM　2018年12月1日）

※「藤沼塾」とは、国際会計士連盟（IFAC）会長、日本公認会計士協会会長などを歴任された、藤沼亜起氏が塾長となり、筆者が企画およびコーディネートした、公認会計士や企業人による勉強会のことである。第一期「藤沼塾」のテーマは「会計専門職を取り巻く環境認識と、将来に向けた取り組み」だった。

いまだ難局が続く監査業界、協会新会長の手腕に期待したい

2019年7月、日本公認会計士協会の新会長に、手塚正彦氏が就任した。所信で述べた「監査の信頼回復に努め、資本市場を揺るがす会計不正を二度と起こさないよう現場力の強化に尽力する」という彼の言葉に、大いに期待したいと思う。

「資本市場を揺るがす会計不正」が、2015年の「東芝事件」を指すことは、いうまでもない。残念ながら、本件は、前任監査人と現任監査人の監査意見が不一致のままというかたちで、いまだ決着をみていない。それなりの事情もあるのだろうが、長年にわたる巨額の不正を見抜けなかったことに加えて、監査上も異常な事態を払拭できていないことが、会計監査に対する不信感を増幅させてしまったのである。

実は手塚氏とは、個人的にも、長年にわたって意見を交わす関係にあることから、会長選に際して私が進言したのは、「本気でやるのであれば、自身の退路を断ち、会計プロフェッションとしてフェアな姿勢を貫くべきである」という点であった。かりに出身母体の監査法人に関

する問題が起きたとしても、独立の調査委員会なりをつくって、存分に調べさせる。そういうことができなければ〝信頼回復〟はお題目にすぎないからである。

所信にある〝現場力〟というのも、大事なキーワードだ。手塚氏はそれを、「現実を正しく認識し、問題を発見し、その原因を究明し、問題の解決に貢献する力」と定義している。信用を失うのは一瞬だが、それを回復させるためには、長年の地道な努力が不可欠となる。

パートナーレベルではなく、現場にかかわる監査人一人ひとりがベクトルを一にして取り組まなければ、画餅に終わるという認識は、とても重要だ。そうした状況をつくり出すためにも、まずは会長自身の率先垂範しかない。

手塚氏は、もともと2007年7月31日に解散したみすず監査法人（前中央青山監査法人）の出身である。ご存知のとおり、カネボウや日興コーディアルグループの粉飾決算がらみで業務停止処分を受けたことで、結果的に市場の信頼を喪失して消滅してしまった監査法人だ。その際、理事長代行として被監査会社や職員の再就職先確保など、誰も経験したことのない困難な局面で奔走したのである。

まさに監査業界の一大事の渦中に身を置いた経験は、手塚氏にとって貴重な〝財産〟となっているに違いない。いかに歴史のあるビッグファームであっても、市場の信頼を喪失すれば消えゆく運命にある、という実体験を有している。

東芝の不正会計事件を受けて、監査法人のガバナンスコードが策定された。「情報提供の充実」に関しても議論が進み、監査基準の改訂もなされた。信頼回復に向けて、こうしたさまざまな改革が進められてきているのは周知のとおりである。だが、仕組みがきちんと機能して、実が挙げられるのかどうかは、まさに今後の取り組みにかかっている。

金融庁や経団連も、手塚氏のスタンスを等閑視することはできないであろうし、その手腕に期待しているのではないか。会長としての向こう3年間が持つ特別な意味を、本人だけでなく公認会計士全員が自覚し、一丸となって邁進することを願っている。

（AM　2019年10月1日）

資本金1億円の意味

株主有限責任の株式会社の場合、債権者保護の観点から、財政的基礎となる純資産（資本の部）が大きいことが高い評価を得る、との考えが一般的だった。だが、会社法では、起業をしやすくするという政策的な見地から、財務情報の開示強化を図ることを担保したうえで、最低資本金制度を撤廃したのである。そのため、資本金の額は自由に設定でき、ゼロでも良いという論理が導かれている。

しかし、上場会社の場合、欠損金が生じて債務超過の状態が続けば、上場廃止となる恐れがあることから、資本金と準備金が潤沢であることは健全経営にとって重要である。

ところで、コロナ禍による事業環境の著しい悪化により、資本金を大幅に減らして、「中小企業」に転じる大企業が相次いでいる。すでに1億円への減資を行った大庄、元気寿司、カッパ・クリエイト、チムニーなどの上場会社は、目的について、今後の資本政策の柔軟性・機動性の確保と、税負担の軽減ないしは財務内容の健全化を挙げた。

だが実際は、資本金1億円以下の中小企業の場合、大企業に比べて税務上の優遇措置が認められているからであろう。つまり、法人税率などの軽減税率の適用、外形標準課税の適用除外など、広く節税面でのメリットを享受できるのである。

一方、会計的側面からは、資本の維持拘束性や資本と利益の区分を重視しており、依然として純資産の金額については厳格な対応が求められる。経営の分析指標としても、資本の額は今でも重要な判断指標であることから、自社の資本金額については、経営者自ら、株主・債権者に対して明確な説明を行うことが求められる。

（経済　2021年6月15日）

どんぶり勘定の国家予算

２０２1年度の政府予算では、約22兆円が使い切れずに繰り越されている。過去最大だった前年度の約30兆円に続く規模だ。また、使う必要のなくなった「不用額」も約６兆円あり、総額28兆円余りの使い残しがあった。

そもそも補正予算を含め約１４２兆円の予算規模自体、その半分にも満たない67兆円という税収入から見て極めて肥大化している。不足する歳入は国債の発行などで賄われており、ついに国の借金残高は約１３００兆円弱となり、国民1人当たりで初めて1千万円を超えたという。

コロナ禍という事情を考慮しても、あまりにもずさんな予算計上と言わざるを得ない。それどころか、歳出項目に計上されている「予備費」についても、22年度予算では当初の５・５兆円から補正予算での追加もなされている。

予備費とは「予見し難い予算の不足に充てるため」（憲法）との理由で国会の議決により認められ、支出は内閣の責任で行う。当然にその執行と結果については、厳格に説明責任を果たさなければならない。

しかし、予備費が景気対策に用いられてきた経緯もある。そのため、民主主義の観点からも健全なガバナンスをきかせて、十分な審議と的確な監視がなされなければならない。

このような折、9月末に実施予定の安倍晋三元首相の国葬については、全額国費が投じられるようである。しかも厳しい緊縮財政の下で予備費からの支出が想定されている。しかし、国民の賛否が二分する案件であり、岸田文雄首相には国民の納得しうる説明を行うべき責任があることを決して忘れてはならない。さもなくば、会計のずさんさだけでなく、わが国の政治に対する不信感をも増幅させる可能性のあることを肝に銘ずべきである。

（経済　2022年8月26日）

〝会計〟を軽視する日本の風土を根本から見直さなければならない

２０２３年度の国の当初予算は、11年連続で過去最大を更新し、１１４兆４０００億円余りとなる見込みだ。社会保障費の膨張に加え、大幅増の防衛費が総額を押し上げ、当初予算として初めて１１０兆円を超える。

２０００年代半ばには80兆円台の規模だった国の歳出は、19年度以降、当初予算でも１００兆円を超えるようになった。これに、もはや〝年中行事〟の補正予算が加算される。新型コロナ禍への対策に追われた20年度には、３次にわたる補正が組まれた結果、財政（決算）は、１４７兆６０００億円という過去最大の規模に膨らんだ。

２０２３年度の予算でも、税収見込みは70兆円弱にすぎず、歳入の３割超は新規国債、要するに国の借金で賄われる。実は歳出の方も22％は国債費（借金返済）なのだから、絵に描いたような〝自転車操業〟だ。付言すれば、国債費に加え、社会保障費、地方交付税交付金等は〝固定費〟で、歳入の７割近くが占められている。財政硬直化も極まれり、なのである。

さらに驚くべきは、その〝どんぶり勘定〟ぶりだ。借金までして歳入を確保しながら、2021年度予算では約22兆円が使い切れずに繰り越された。〝不用〟とされた予算も6兆円に上る。

もっとひどい話もある。憲法は、政府の支出に国会の事前決議を義務づけており、例外的に「予見しがたい予算の不足に充てるため」に、予備費の計上を認めている。予算成立時には使途が決まっておらず、それは政府が閣議で決められる。災害対策などを想定した、あくまでも〝予備〟の費用なのだ。

例年、この予備費を5000億円程度積んでいた政府は、2020年度以降の3年間で、「コロナ対応」と銘打っておよそ20兆円計上した。金額もさることながら、そのうちの12兆3000億円余りについて、国会に使い道を報告したものの、ある新聞社が具体的な使途についての調査をしたところ、明確になったのは3つの政策項目、計約8000億円のみ。なんと95%の予算が、実際には〝使途不明〟であることが明らかになったのである。

こうしたデタラメが罷り通るのは、つまるところ、予算や決算について十分な説明責任が果たされなくとも、それで許されてきたからにほかならない。〝説明〟とは、多くの政治家がするように、何かを饒舌に語ることではない。会計であれば、真実な財務諸表を作成し、そこでの客観的なエビデンスに基づいて数字の意味を語り、関係者を十分に納得させることにほかならない。そうした正当なプロセスが踏まれることで、晴れて〝説明責任〟を果たしたことになるのである。

これまでも何度か述べたが、会計の語源は「Accounting」である。動詞の「account for」は、「説明する」「報告する」で、Accountingには、本来そのような意味が込められている。それが日本語で〝会計〟と訳され、「計算合わせの学問」のように捉えられた結果、経済社会で果たすべき使命の重要性が認識されなくなったのは、残念なことだ。

規範意識が希薄になった国家財政の現状にも、相次ぐ企業の会計不正にも、突き詰めればこうした〝会計〟を軽視する日本の風土が反映されているのではないだろうか。

ともあれ、国家財政が膨張の一途をたどり、国債発行残高も、それを1桁上回る1000兆円を超えた。もはやこれ以上、説明責任の回避が許される状況にないことだけは確かだ。

（AM　2023年4月1日）

アカウンタビリティの主役である会計人の守備範囲はどこまでか？

2023年に「ジャニーズ事務所創業者の性加害」「ビッグモーターの保険金不正請求」「日本大学アメフト部学生の大麻使用」「宝塚歌劇団員のパワハラ・いじめ被害」など、世間の耳目を集める不祥事が相次いだのは、記憶に新しい。私はそのたびに〝ガバナンスに詳しい専門家〟としてメディアにコメントを求められ、その問題点を述べた。

ところで、今挙げたのが、いずれも未上場企業ないし、非営利団体が起こした問題だった（宝塚歌劇団は阪急電鉄の一部門ながら、独自の理事会がある）ことは、注目に値する。本来、ガバナンス議論の対象になるのは、主に上場企業である。社会的影響力が大きく、株主をはじめとする不特定多数のステークホルダーを擁する存在だからこそ、経営の監視・監督機能と業務執行を峻別し、見えるかたちで健全な組織運営が行われなければならないからだ。

しかし、そもそも所有と経営が分離していない〝一人社長〟のような組織にまでガバナンスが求められるのは、ある意味時代の要請ではないだろうか。上場企業の理論を援用して、社会性、公共性を持つあらゆる組織の健全性を向上させていくことは、もはや避けて通れないこととなった。

さて、今なお炎上中の〝非営利団体〟による不祥事が、自民党の政治資金問題である。ともすれば〝派閥の是非〟などに論点が拡散するきらいもあるが、この事案の核心は、当事者たちの〝アカウンタビリティの欠如〟であることを指摘しておきたい。これまでも述べているように、アカウンタビリティは単なる会計や帳簿付けの話ではなく、〝説明責任〟を意味する。説明責任を果たすとは、「どこからいくら収入があり、何にいくら使ったのか」を詳らかにすることだ。

にもかかわらず、今回問題になったパーティー券収入の派閥から議員側へのキックバックは、収支報告書に未記載のまま裏金化されていた。しかも、〝カネの流れ〟の証拠が残らないよう、あえて現金を使って受け渡しをしていたという。こうしたことが、長期間、組織的に行われていたのだから、単なる事務的なミスとは性格が異なる。政権主導の非常に悪質な会計不正である。

国会議員自らが議員立法で策定した政治資金規正法自体、〝ザル法〟の誹りを免れない。年間5万円以下の寄付は、収支報告書への記載は不要。領収書についても、明細の提出義務があるのは1万円以上の支出があった時とされる。会計は〝総額主義〟が前提で、「収入や支出が少額の場合は無視していい」などという例外事項は存在しない。永田町のみ認められるというのなら、それこそ納得いく説明をしてもらいたい。

自民党は派閥を解消し、党内に設けた〝政治刷新本部〟で政治資金のあり方などを検討していくという。こうした取り組みについて、「集団万引した人間に万引防止策を考えさせるようなもの」と揶揄したが、それほどに鈍感なリスク感覚しか持ち合わせていないようである。

残念ながら、日本が〝会計後進国〟であることを証明する事態がまた一つ明らかになった。アカウンタビリティの主役であるはずの会計人が、この問題から目を逸らすことは許されないのではないか。

（AM　2024年4月1日）

第2部

監査編

【掲載誌・略表記】
経済：経済気象台
AM：Accountant's magazine
CG：Corporate Governance

監査法人の国際監督機関

21世紀初頭、アメリカのエンロン社の事件を発端に、企業の会計不正が次々に明るみに出て、公認会計士による監査の信頼性は大きく失墜した。粉飾を見抜けない監査をなくそうと、各国は監査の監督機関を創設している。

わが国も2004年、金融庁に公認会計士・監査審査会を発足させ、監査状況を調査し、必要に応じて改善及び処分勧告を行っている。

ただ、監査を受ける企業の大半は大企業で、グローバルな活動をしている。監査もグローバルな視点が必要で、日本の4大監査法人はいずれも世界の4大会計事務所の国際ネットワークに入っている。監督活動の実をあげるには、各国の監督機関が連携して情報の共有を図らなければならない。

各国の監督機関を束ねるため、2006年に発足した国際組織が「監査監督機関国際フォーラム」（IFIAR）である。日本からは金融庁と公認会計士・監査審査会が参加している。

このＩＦＩＡＲが恒久的事務局を設立することになり、日本を始め７カ国が誘致に名乗りを上げた。

東京誘致には日本取引所や日本公認会計士協会、さらには日本監査研究学会なども賛同し、国を挙げての取り組みになっている。日本の監査法人監査の信頼性の向上だけでなく、国をまたぐ会計不正を撲滅し、世界の会計監査の品質の確保・向上に対して貢献するものでなければならない。

以前、国際会計基準（ＩＦＲＳ）のアジア・オセアニア地域のオフィスを東京に誘致したことで、会計への関心が高まった経緯もある。ＩＦＩＡＲ事務局誘致の活動が、わが国の監査法人の存在感を高め、監査監督に対する信頼性の向上にもつながるものと期待したい。

（経済　２０１５年２月26日）

監査人はスーパーマンか

企業が作成・公表する財務諸表は、経営者の成績証明書に例えられる。黒字であれば成績優良、赤字は成績不良だ。

財務諸表を作成する責任は評価対象の経営者自身にある。成績を底上げするために内容がゆがめられ、不正な報告がなされる場合もありうる。そこで財務諸表にお墨付きを与えるため、職業専門家の監査人による監査が実施されている。

その監査意見は定期健康診断に相通じるものがある。問診などで不具合を正直に担当医に伝えず、虚偽の説明をしていては、正しい診断結果は得られない。

監査人にとっても、虚偽の申告がなされたものに対して、そこに潜むすべての不正を発見・指摘することは至難の業だ。制度上もそこまでは期待されていない。内部統制が整備され、有効に運用されていること、監査人の業務に協力的であることを前提に、監査意見が表明されているのである。

不正な財務報告について、まず問われるべきは経営者であり、そうした不正を食い止められなかった取締役会及び監査役会などの監督体制である。

監査人は専門的能力と厳格な独立性が求められており、厳しい自己規律の下に置かれている。そのため、監査済み財務諸表に信頼性を損なうような不正が発覚すると、社会の人々は監査人の責任も厳しく問う風潮がある。

しかし、監査人には捜査や調査の強制権限はない。あくまでも限られた条件の下で監査をしているのであり、万能なスーパーマンではない。

東芝の不正会計に関して、会計監査をスケープゴートにすることだけは避けなければならない。公共の利益を守る市場の番人、監査人の士気をそがないためにも。

（経済　2015年9月3日）

背水の陣を敷く監査法人

東芝の不正会計問題で、金融庁は監査を担当していた新日本有限責任監査法人（現・EY新日本有限責任監査法人）に、業務改善命令と3カ月の新規契約締結業務の停止処分に加え、約21億円の課徴金納付命令に係る審判手続き開始の決定を行った。

1月以降の新日本関係者の対応をみると、法人ならびに所属会計士のすべての対外的活動を自粛し、完全なる謹慎を余儀なくされているようである。

果たして、それは適切な対応なのであろうか。というのも、監査は公益性の高い業務であり、監査法人には、資本市場の信頼性を高め、投資家の利益を保護する使命がある。そのために推進すべき社会貢献活動は、新規契約締結業務とは無縁のものも多い。しかし、新日本のホームページでは、それまで継続的に発信し続けてきた研究会やセミナー開催などの公開情報を削除して、背水の陣を敷いている。

こうした対応が規制当局の意向によるものか、新日本独自の判断によるものかは定かではないが、情報化社会の対応として、少し行き過ぎではないか。

金融庁が公表した処分理由は、担当監査人が「相当の注意を怠り」、法人も「運営が著しく不当であった」ということである。つまり、違法行為及び重大な過失が指摘されたものではない。

不正会計の張本人である東芝の場合、今後、特定の担当役員に対する刑事責任追及がなされるとしても、課徴金のみの処分だ。監査法人には業務の一部停止を伴う重い処分が科されたことで、監査業務を担うすべての公認会計士の士気をそぐことにならないか危惧する。

健全な市場育成のためには、懲罰的な制裁よりも、指導的な是正に重きを置いた機動性のある対応こそ不可欠ではないか。

（経済　2016年1月16日）

監査法人の覚悟

２０１５年に不正会計の事実を公表、過年度にわたる決算を修正し、役員を一新して２０１６年度を迎えたはずの東芝。会計監査を長年担当してきた監査法人は不正見逃しの責任を問われたが、東芝の「組織的な隠蔽《いんぺい》工作」だったという認識の下に監査契約の継続解除を申し出た。つまり、東芝の内部統制は機能しておらず、通常の監査を十分に実施しえないとの危惧を表明していたのである。

加えて、不正会計の誘因ともなった米国の原子力事業部門の子会社の実態については、様々な臆測や懸念が表明されていた。後任の監査法人は、「特別な検討を要するリスクがある」として、職業的懐疑心を高めて監査を実施すべきであった。

しかし、そうした懸念に触れることなく、後任監査法人は第１および第２四半期決算では重要な虚偽の表示はなく適正との結論を表明した。一方、会社はスマートフォン事業などが好調であるとして、第２四半期の連結業績予想を３度上方修正した。

それが突如、第3四半期に米国の原子力事業部門の子会社に関連して巨額の損失が発生していることを公表し、株価は大きく下落した。決算発表も2度延期され、市場からの信頼は完全に失墜してしまった。延期は「監査法人の承認が得られていない」からだという。

監査法人は所定の時期までに確たる結論を表明できないなら、その理由を明確にして、意見を表明しないといった断固たる態度を貫くべきだ。市場からの制裁は会社が負担すべきであり、意見時間をかければ、適正との意見を表明してもらえるといった安易な考えを会社サイドに抱かせてはならない。市場の番人としての覚悟が求められる。

（経済　2017年3月22日）

誰のための監査か？

見切り発車で、東芝は第3四半期決算報告書を提出・公表した。本来であれば、決算から45日以内の提出が決められているのに2度も延期し、倍以上の100日を費やした。しかも、PwCあらた監査法人（現・PwC Japan有限責任監査法人）の結論はいまだに得られていない異常な状態が続いている。

今般の東芝のドタバタ劇を見る限り、決算報告書の開示主体で監査の元締の監査委員会と、外部の監査法人との間の信頼関係は完全にそがれてしまっている感がある。それどころか、東芝は監査法人を変える検討もしているようだ。監査委員会には監査法人を選任した責任がある。まず、意見不表明の理由を明確にするようPwCあらた監査法人に強く促すべきである。

監査法人は、第1・第2四半期決算では全く指摘のなかった米国の子会社に関連して巨額の損失が顕在化したため、事後対応に奔走していると思われる。加えて、PwCあらたは米国の巨大会計事務所PwCが主導して設立した純粋な外資系監査法人だ。前期以前にさかのぼって、会計処理の信頼性が得られるまでは結論を述べられない、という本国側の意向を強く受けているのであろう。そのため日本法人としての主体性が見えないことも、関係者の不信感を増幅させている。

監査制度の主たる使命は、経済社会のインフラとして、わが国資本市場の信頼性を保証する点にある。特定の企業や企業関係者、監査法人の利益を守るためのものではない。

監査に対して将来生ずる批判や責任を回避したいとの思いもあろうが、監査委員会及び監査法人の現在の対応は、本来守るべき市場や投資家の信頼を軽視した責任放棄の道を歩んでいると言わざるを得ない。

（経済　２０１７年4月29日）

セカンドオピニオン

医療の分野では、患者が納得して必要な検査や治療を受けるために、担当医師以外の専門医に意見を求める「セカンドオピニオン」が認められている。医師と患者の信頼関係が根底にあるから可能となる制度で、医療の社会的信頼性を強固なものにしている。

こういったニーズは、他の専門分野でも増大している。例えば相続税の申告。会社の顧問税理士では経験も少なく適切な対応ができない場合もあり、顧問税理士以外の税理士に意見を求めることが広がりつつあるようだ。

高度化するビジネスの実態を描写する財務報告の分野でも、相通じる状況がある。大きな社会問題にもなった東芝の会計監査では、監査人の対応が分かれた。東芝が2016年3月末時点で行った見積もりの会計判断に、前任の新日本監査法人は適正意見を表明したが、後任のPwCあらた監査法人はこれを全面的に否定、限定付きの意見表明をした。東芝の米国子会社が行った買収に絡む損失の認識時期について、違った判断がなされたためだ。

企業は限られた期間内に不確実性を伴う判断をして会計処理することを求められる。適切なプロセスを経て決定した会計判断に、会計監査人からクレームがつくことが想定される場合は、双方の信頼関係を基に、ほかの監査専門家からセカンドオピニオンをもらうことを考えるべきではないか。

会計士協会の倫理規則でも、一定の条件を満たしたうえで、特定の取引について会計・監査上の意見をもらうことを容認している。特定の会計監査人の判断に振り回されることを回避するためにも、セカンドオピニオン制度の確立は喫緊の課題であろう。

（経済　2017年8月25日）

監査意見の信頼性の危機

特設注意市場銘柄の指定を解除し、東芝の上場継続を決めた日本取引所の自主規制法人理事長が、最近の月刊誌で「監査法人の意見を無条件で絶対視するのは資本市場のあり方として危険」と発言している。東芝の監査でＰｗＣあらた監査法人が講じた監査対応と、限定付き適正意見の表明に不信感を表明したものと思われる。市場の番人を自任する立場の責任者の発言として、決して等閑視できない。

監査法人が表明する意見は、専門性と独立性を備えた職業的専門家としての責任ある意見であり、これを否定することは、わが国の監査制度そのものの存亡にも関わる問題だからだ。

確かに、監査が専門的であるためブラックボックス化し、社会から信頼が得られないとの批判はある。そのため、監査上重要と判断した事項等を監査人は開示すべきだとして、金融庁は「監査報告書の透明化」の議論を進めている。アナリストや機関投資家らの会計や監査のプロにも、現在の紋切り型の監査報告書には物足りなさを感じている者も多い。

しかし、のれんの減損や企業結合の会計処理、収益認識の問題といった、より専門性の高い事項を開示すれば、本当に監査の信頼性と品質は高まるのであろうか。

監査報告書の読者が知りたいのは、監査対象となった財務書類等の信頼性である。何の条件も付されない「適正意見」が表明されていれば、安心して投資意思決定も行える。つまり、投資家は端的な結論さえ表明されれば十分と解しているのではないか。

監査の国際対応という美名の下、追加的な情報開示を行う前に、真に信頼される監査意見が表明されるような取り組みと覚悟が求められている。

（経済　２０１７年11月28日）

監査への信頼が揺らいでいる——。会計士はもっと危機感を持つべき

これまでも再三取り上げた「東芝問題」は、2017年10月に東証が「特設注意市場銘柄」の指定を解除し、当面上場維持の公算が大きくなったとして、〝ヤマは越えた〟との見方も広がった。そんな容易な話ではない。会計監査の観点からすれば、この事案は巷の人々に監査制度の存在自体に疑問を抱かせるほどのダメージを与え、その危機は現在進行形なのである。

過年度の有価証券報告書の訂正などで一件落着とも思われた問題が再燃したのは、2018年4月に前年度の四半期決算がPwCあらた監査法人の〝意見不表明〟のまま、つまり〝無限定意見〟が付かず公表されたことにある。

整理しておくと、通常、有価証券報告書には、監査人の〝適正意見〟が付く。これには「ほぼ満点です」という〝無限定適正意見〟のほかに、〝除外事項を付した限定付適正意見〟がある。〝監査手続〟や〝監査範囲〟が制約されたり、会計処理の一部に不満足な事項がある場合などに表明されるものだ。いずれにしても、財務諸表全体に影響を及ぼさず、除外事項の影響など

が明示されることによって、財務諸表の利用者の意思決定への有用性は保持される。監査人の評価は、これらの〝適正意見〟か、あるいは〝不適正意見〟しかない。後者と判断されたら、当該企業は上場廃止になる可能性が高い。

では、〝意見不表明〟とはどういうことか? 言葉どおり、「監査人の意見が示されない」ことである。かつては〝無意見報告書〟といわれていたのだが、要するに〝監査未了〟なのだから、出てきた監査報告書には、事実上何の意味もないことになる。監査意見を表明するのに必要な確たる証拠等が得られないのであり、監査人にとっても大変不幸なことである。しかし、今般の東芝の場合、率直にいって、プロフェッショナルとしての責任の下に、監査法人はいずれかの意見を表明することができたのではないかと思われる。

混乱に輪をかけたのは、この後のメディアによる報道だ。会社関係者の発言を捉えて、「OKを出さない監査法人に業を煮やした東芝が、決算を認める事務所に鞍替えする、いわゆる〝オピニオン・ショッピング〟に走る」と同社を叩いたのである。だが、〝自社に都合のいい意見を買う〟も何も、現任監査法人は何も意見表明していないのだ。こうした場合に、会社の考える会計処理の妥当性を検討するために、別の事務所の評価を求めることは〝セカンド・オピニオン〟ということで、日本公認会計士協会の倫理規則で認められている。私は、むしろ東芝は早くその相手を探すべきだったと考えている。少なくとも白黒の結論は、もっと早く出せたはずだ。

さて、ＰｗＣあらたは8月、東芝の２０１７年3月期決算について、最終的に〝限定付適正意見〟を表明した。だが、監査報告書を見る限り〝監査手続や範囲の制限〟が〝限定付〟の理由ではない。両者がずっと対立している、米国子会社の巨額損失の計上時期が、引き続き問題になっているのだ。決算の根幹にかかわる事項が認められないのならば、普通に考えれば〝不適正〟ではないのか。

ことは、もはや日本を代表する電機メーカーの決算に疑惑があるウンヌンのレベルを超えた。有力な株式市場関係者が「監査法人の意見を絶対視するのは危険」などと言い放つほど、監査に対する信頼は揺らいでいる。このままでは、「監査など必要ない」という空気がさらに蔓延するだろう。会計士、監査関係者に、そうした危機感はあるのか、はなはだ心許ないのだ。

（ＡＭ　２０１８年2月1日）

説明責任と守秘義務

政治や行政の世界においては、国民の納得を得るため、すべての関係者が、真実な情報に基づいて説明責任を果たすことが極めて大切である。同様に、社会性や公共性の高い業務を遂行する専門職業人の場合も、依頼者だけでなく、その業務に関わりを有する者に対して、できるだけ丁寧に説明責任を果たすことが強く求められている。

多くの関係者が知りたい事柄について十分な情報が発せられない場合には、ブラックボックス化しているとの批判にさらされて、信頼を著しく失墜するからである。

しかし、これが不足している場合が多く見られる。その際、責任回避のための決まり文句が「守秘義務」である。例えば、東芝の不正発覚後に交代した後任の監査法人は、四半期での意見を表明せず、内部統制の評価に関しては不適正意見を表明した。それにもかかわらず、決算書の承認を求めるための株主総会においても、株主に対する説明を一切行わなかった。さらに、東芝に対する監査意見や監査手続きなどの妥当性を調査していた会計士協会も、守秘義務を盾に、具体的な内容については何の説明もなく、監査法人に法令違反の事実はなかったと結論付けたという。

これでは社会から納得を得るのは困難であろう。

確かに、業務上知り得た秘密情報については、厳格な守秘義務が課せられている。だが、公共の利益を守るべき監査の場合、責任ある行動と自覚を踏まえて、社会の人々に対して可能な限りの説明を行い、信頼を獲得することが重要である。同時に、監査を依頼する企業も、監査自体の信頼性を高めるために、守秘義務の解除に向けた対応を講じることも求められるであろう。

（経済　２０１８年３月７日）

監査法人ローテーション制度の是非をもっと慎重に調査、検討すべき

2017年7月、金融庁は、「監査法人のローテーション制度に関する調査報告」（第一次報告）を公表した。私自身、本調査の一翼を担っていることから、今回は、この制度（Mandatory Firm Rotation=MFR）を論じてみたい。

最初に申し上げておけば、個人的には、MFRの導入に積極的に賛成する立場にはない。現行の監査体制をドラスティックに変えた場合、蓄積されたノウハウも人間関係も消えて、一からの出直しになる。予期せぬ混乱の起こる可能性も否定できない。アメリカでは、相次ぐ会計不祥事を受けて2002年にSOX法ができる過程で、一部からMFR導入が主張され、賛否の議論になった。

ならば、と会計検査院が1年かけて調査を行い、提出した報告書の結論は、ひとことで言えば「いい面もあるが、悪い面もある」というものだった。当時のアメリカでさえ、「もう少し考えよう」ということになったのである。

私が実際に調査のために訪米したのは、2016年の秋だった。ところが、かの国では2013年に、なんと連邦議会の下院が、「混乱を招くMFRの導入をしてはならない」という決議を行っていた。〝少し考えた〟アメリカは、結局MFRをやらないことにしたのだ。

他方、ヨーロッパでは、逆に2016年に、EUが制度の導入を決めた。欧州に出向いた調査団の報告は「現場で混乱は起こっていない」というものだったが、ローテーションは10年単位のスパンとされていた。〝交代〟はまだ先の話なのだから、混乱が起こっていなくて当然だろう。

ちなみに2017年公表されたのは、あくまで「第一次報告」である。本来ならば、さらに検討がなされてしかるべきだと思うのだが、1年経ってからもそうした動きは見られない。やはり「アメリカの脱落」が、規制当局に対しても何らかの影響を与えているのかもしれない。

いずれにしても、MFRのメリット・デメリットに関しては、議論が出尽くした。前者は、長期の担当によるマンネリ、なれ合い、癒着を排することができる。後者は、監査の非効率を招き、監査コスト上昇の公算大——といった論点だ。今後導入の動きが再加速するのか否かは、それらを踏まえ、すべての監査関係者がどう考えるかにかかっている。

ところで、MFR導入に反対する日本公認会計士協会は、現行の「社員ローテーション」の評価を先行させるべきだとして、２０１８年４月に「社員ローテーションに関するアンケート調査結果（中間報告）」を公表している。その仕組みや、１月に「筆頭業務執行責任者５年、審査担当者３年」というインターバル期間の制限方針を定めたことに、反対する理由はない。しかし、〝評価の仕方〟には、正直、疑問を禁じえないのだ。

「アンケート」では、制度の導入目的である「独立性の確保」に関して、87％が「役割を果たしている」と回答した。だが、そこに回答を寄せているのは、監査の当事者、すなわち「監査法人の社員」なのである。意味がないとは言わないが、世間はそれを〝客観的な評価〟と認めるだろうか。

話を戻せば、何事も一に監査の信頼性を向上させ、監査品質を高めることに貢献するものでなくてはならない。現行の監査の問題がさまざま指摘されるからといって、ＭＦＲのような影響力の大きな「制度改革」を急げば、新たな〝火種〟を生む可能性さえある。それが本当に必要なものなのか、慎重に調査、検討を重ねるべきだ。

（ＡＭ　２０１８年８月１日）

2019年が、〝監査の危機〟突破元年になることを願う

2018年春、ある雑誌で、日本取引所自主規制法人の理事長・佐藤隆文氏（元金融庁長官）と対談した。実は佐藤氏は、このコーナーでも何度か取り上げた東芝の会計監査の〝混乱〟に絡んで、月刊誌などで「監査法人が出した監査意見が神聖不可侵で、無謬性を伴っていると思い込むのは危険だ」という趣旨の発言をされていた。

〝市場の番人〟の立場にある人が、監査制度そのものを否定するようなことを言うのを、何もせず見過ごすことはできない。私はすぐさま別のメディアから依頼されたインタビューに答え、「（監査が信用できないというなら）投資家や株主は何を信用すればいいのか」と反論した。

ただし、私は佐藤氏と個人的な対立関係にあるわけではなく、むしろあるべき監査の方向性に関しては、ベクトルが一致すると感じている。そこで、「一度論点整理をしませんか」と声を掛けて、実現した企画だった。

話の中心は、「監査人の説明責任」になった。「神聖不可侵」発言について、佐藤氏は「そう

なってしまうと議論ができなくなり、（監査人が）説明責任を果たさなくてもいい世界になってしまう」「一般的には監査意見が正しいものであり、信頼できるという前提の下で市場参加者は動いている、という基本認識をベースにした注意喚起だった」と述べておられる。そうであれば、異論のあろうはずがない。

東芝の監査では、原子力事業にかかわる巨額損失の発覚に伴い、監査法人が「限定付適正意見」を出しながら、具体的な損失額を明らかにしていなかった。なぜ〝不適正〟でなく〝限定付〟にしたのかの説明もないことが事態の混乱に拍車をかけ、ひいては監査の信頼性を大きく失墜させたのである。

監査法人にも言い分はある。例えば〝守秘義務〟の存在だ。ただ、佐藤氏は「守秘義務も無条件に神聖化してはいけない」として、次のように述べる。

「守秘義務を解除することの是非は、投資家の側から見た『知らなくてはいけない』というニーズの高さとの相対的な比較によって判断すべきだ」

「守秘義務は監査法人が説明責任を果たさなくてもいいというための防御ではないし、監査法人を守ることを目的としたものでもない」

まったくそのとおりで、監査のプロであるならば、投資家のために「ここまでならば、守秘義務違反には当たらない」という判断を下し、世の中に情報発信する気概や責任感を持つべきなのではないだろうか。残念ながら、今までそうした監査人に出会ったことは数少ない。

先ほど紹介したインタビュー記事で、私は「今般の佐藤理事長の批判を真正面から受け止めて反論できないところに、今の会計士の弱体ぶりが現れているのかもしれません。まさに、監査の危機ですね」と締めくくった。「あなたたちの仕事は信頼できない」と言われたも同然なのに、私のような〝外様〟の人間しか反応しなかったというのは、いかがなものだろう。

２０１８年11月、私が座長を務める金融庁の有識者会議「会計監査についての情報提供の充実に関する懇談会」が第１回の会合を開いた。それを受け、『日本経済新聞電子版』（２０１８年11月６日付）は、「金融庁は監査法人に対し、（中略）企業の決算書類を不適正とするなど『お墨付き』を与えなかった場合に、判断の理由を詳しく説明させる方針だ」と書いた。２０１９年が、〝監査の危機〟突破元年になることを強く願っている。

（ＡＭ　２０１９年２月１日）

パラダイムシフトが進む監査の未来に ゴーン事件が暗示するもの

2018年、日産のカルロス・ゴーン前会長が逮捕された時、私は数多くのメディアから取材を受けた。問題となった有価証券報告書への報酬過少記載については、「退任後に受け取る報酬を毎年決めていたのなら、それぞれを当該年に会計処理しなければ、原則アウト」と述べたが、想定どおり、日産は今年になって、記載していなかった約90億円の決算追加計上を決めた。

役員報酬の額を年に10億円過少記載したとしても、同社の決算全体から見たら、財務諸表の監査では誤差の世界であろう。したがって〝重要性〟はないと主張する弁護士などもいるが、それはあまりに皮相的な見方である。2010年から上場企業に1億円以上の役員報酬の開示が義務付けられたのには、株主や投資家がその企業のガバナンスの状況を確認できるようにする、という意味合いが大きい。日産は、株主の利益よりもゴーン氏の都合を優先したと言われても仕方がないのだ。

ゴーン氏に関しては、子会社を通じて海外に高級住宅を購入させるなど、私的な出費を日産に払わせている事実も次々に露見した。これらの〝悪事〟を、ほかの取締役が誰1人として認識していなかったとは考えにくい。もし知らなかったのならば、それこそガバナンスがまったく機能していなかったことになる。いずれにしても、社長以下取締役は、前会長と同罪である。

ここまでの不正が罷り通ったのは、瀕死の日産を救ったカリスマに、誰ものが言えなくなっていたからだろう。ただ、あえて言えば、ゴーン氏が同社をV字回復させた経営手法自体は、特に斬新なものでもない。会計的には「ビッグバス・アカウンティング」と称されるやり方で、要は「大きな風呂で徹底的に垢を落とす」のである。過去の不良債権は整理する、不良在庫を一気に特損で落とす、そして大胆なリストラを敢行。この手法のミソは、それを断行した年度は、赤字幅が大きく膨らむところにある。会社の優良な部分だけが残り、身軽になった次の期には、黙っていても業績は急回復する仕組みになっている。

1990年代、アメリカではこれが流行した。もちろんすべてが違法というわけではなかったが、SEC（証券取引等監視委員会）の委員長が粉飾を疑うケースもあり、実際にその流れの中でエンロン事件が起きている。

日産の復活は、それまでの経営陣と係累のない外国人のゴーン氏なくしてはなかっただろう。

しかし、彼が本当に優秀な経営者だったならば、成果を見届けたらすぐに身を引き、また別の企業で手腕を振るう道を選んだはずだ。権力のうまみを知って居座り、またそれにノーと言える人間のいなかったところに、日産の悲劇がある。

今回の問題に話を戻せば、現在は金融商品取引法により、財務諸表と併せて、内部統制報告書の監査も求められている。それも含めて、長年、ガバナンスの不備を見抜けなかった監査法人にまったく責任はなかったとはいえないのではないか、というのが私の見解である。

財務諸表の数字のチェックは、ＡＩに任せる時代が遠からず来る。一方で、投資家が企業価値の判断基準にＥＳＧ情報やＳＤＧｓ（持続可能な開発目標）といった定性情報を採用する動きも、現実になっている。いきおい「監査人」に求められる役割も劇的に変わる。そうした監査のパラダイムシフトが始まろうとしている時期に起こったという意味でも、〝画期的な〟事件ではある。

（ＡＭ　２０１９年４月１日）

座長を務めた〝懇談会〟の報告書と提言。〝業界〟の率先的取り組みを注視したい

別稿（60ページ）でも述べたように、私が座長を務めた金融庁「会計監査についての情報提供の充実に関する懇談会」は、２０１８年11月から3回の討議を経て、２０１９年1月に「通常とは異なる監査意見等に係る対応を中心として」という副題の付いた「報告書」を出した。

この報告書では、監査において、通常の「無限定適正意見」とは異なる「限定付適正意見」「不適正意見」および「意見不表明」が公表される場合に、監査人が発信すべき情報のあり方等について提言している。

つまり、監査報告書において「除外事項」が記載される場合、その具体的な内容などについて、十分かつ適切な説明を行うと同時に、監査人は、必要に応じて株主総会での意見陳述の機会やそれ以外の場での追加的な説明の機会を活用し、かつ財務諸表利用者にその内容が正確に伝達されるよう留意すべき――。

副題に対する答えをひとことで言えば、そういうことになる。

報告書では、従来、監査人による情報提供を消極的にさせてきた「守秘義務」についても踏み込んだ提言をしている。金科玉条のように口にされる「公認会計士の守秘義務」だが、そもそも守秘義務の内容については、「業務上取り扱ったことについて知り得た秘密」(公認会計士法第27条)、「業務上知り得た情報」(日本公認会計士協会「倫理規則」第6条)、「業務上知り得た事項」(「監査基準」第二 一般基準の8)と、法令、基準などによって扱いはバラバラ。欧米では、専門性の高い職業に従事する者が遵守すべき「職業専門家としての注意義務」に当然含まれるものと理解されており、このような個別の規定が監査基準に盛られているのは、日本だけなのである。

それは、戦後のわが国の監査制度立ち上げの際、「外部の人間に会社内部の機密情報等を知られたくない」という企業の懸念を汲んで、「秘密保持の原則」が導入されたことに端を発する。しかし、70年近い時が過ぎた今、ともすれば監査人サイドのリスク回避の口実にも利用されていると疑われるような状況を放置するわけにはいかない。報告書では、「『秘密』に該当する情報であっても、財務諸表利用者に対する必要な説明、情報提供であれば、守秘義務違反には当たらない『正当な理由』に該当する」旨の提言を行っている。

また、懇談会では、「監査人の交代に関する説明、情報提供」についても取り上げている。「なぜ監査法人が変更されたのか？」は、監査上の懸念事項の有無などを把握するうえで、重要な情報だ。たとえばだが、企業が〝厳しい〟監査人を忌避した結果かもしれないし、逆に監査法人が「この会社は監査上のリスクが高いから」と契約を拒否した可能性もあるからだ。

監査人の交代があった場合、企業はその理由も明示した臨時報告書を提出しなければならないが、そこに記載されるのは、1年任期の監査人に対して、単に「任期満了」と書かれるのが大半である。そこで、監査人が主体的に開示理由を説明するための環境整備の推進も、報告書では強調した。

新たな基準の策定や規則の変更を審議する審議会と異なり、懇談会はあくまでも提言を行う場である。私自身、議論の根底にあったのは、言うまでもなく、「監査は誰のためのものなのか」という問題意識だった。これらの提言を関係者、特に〝会計士業界〟がどれくらい真剣に受け取り、具体的行動に反映していくのか、注視したい。

（AM　2019年7月1日）

適正で厳格な監査が企業経営を、そして企業自体を救うこともある

監査人がメディアで取りあげられるのは、批判にさらされる時と、相場が決まっている。私自身、このコーナーをはじめさまざまなところで、会計監査が社会からの信頼と尊敬を得るための課題等について、厳しい意見を発し続けてきた。「間違いがなくて当たり前」と捉えられている会計監査の場合、そうした批判はある意味で宿命的なものかもしれない。ただし、嬉しい例外もあった。

少し古くて恐縮なのだが、『週刊東洋経済』の2019年7月13日号の特集記事「ライザップ買収戦略失敗の真因」に、現RIZAPグループ特別顧問である松本晃氏のインタビューが載った。松本氏といえば、ジョンソン・エンド・ジョンソン日本法人社長、カルビー会長兼CEO（最高経営責任者）を歴任した日本を代表する〝経営のプロ〟で、顧問に退く前、RIZAPグループの代表取締役COO（最高執行責任者）も務めていた。

その松本氏が、同グループの監査法人を、次のように高く評価しているのである。

「太陽有限責任監査法人はすごくいい。会長の梶川融さんを前から知っていて、カルビーでも助けてもらった」

――『監査を厳しくやってくれ』と松本さんが太陽有限責任監査法人に強く言ったという話を聞きました。

「それは別に不思議でも何でもないこと。含み損のある資産はできるだけ持たないようにしないと。会社というのはいつ何が起きるかわからないので」

「結果にコミットする」というキャッチフレーズ、それを体現する芸能人などのテレビCMで一躍有名になった同グループだが、19年3月期決算で193億円の最終赤字を計上し、世間を驚かせた。この期から監査に携わったのが、太陽有限責任監査法人だった。

実は同グループの瀬戸健社長は、本業のボディメイク事業とは無関係であっても、安価で買える不採算企業を矢継ぎ早に買収していた。その結果、〝負ののれん〟により表向きの業績は伸びたものの、グループ内に〝含み損のある資産〟が積み増すことになったのだ。

そうした不健全な財務状況から脱却するために、瀬戸社長は経営方針を転換し、2018年11月には新規企業買収の凍結を発表した。同時に、不採算企業の売却、減損処理などを進めた結果が、大幅な赤字だったわけである。それによる企業イメージの悪化といったダメージも小さくはなかったが、もしその後も拡大戦略を継続し、大手術を行わずにいたら今頃どうなっていたかは、想像に難くない。この転換を促したのが、誰あろう太陽有限責任監査法人であり、そのことが〝経営のプロ〟に賛辞を語らせたのだった。

この一件から監査業界が受け取るべきは、「適正で厳格な監査は、結局経営のためになる。企業を救うこともある」というメッセージにほかならない。もちろん、経営者の側に、会計プロフェッションの判断を尊重しようという意識がないと、理想を貫くのは難しいかもしれない。しかし、〝おざなりの監査〟が許されない時代にあることは、幾多の会計不祥事で証明済みだ。経営者の目を覚まさせることも監査人の任務であるという自覚と覚悟を持ち続ける必要がある。それは、結果として、信頼しうる資本・証券市場の番人としての社会的な役割を果たすことなのである。

（AM　2020年4月1日）

今こそ、厳格な監査を

新型コロナウイルスによる経済活動低迷の救済のため、国を挙げた支援体制が求められている。しかし今般、国の持続化給付金事業を受注した「サービスデザイン推進協議会」が、受注金額769億円の97％の金額で、広告大手の電通に再委託をしていたという、極めて不透明な委託の実態が明るみに出た。梶山弘志経済産業相は「監査法人など外部の専門家とともに委託先や外注先を含め、支出が適切かどうかを検査する」と答えている。

そもそも、国民の税金が国の政策実現に向けて使われる場合、金額の合理性だけでなく、使途の適切性、業務受託者の適格性、さらに予算執行結果についての説明責任が課せられていることは言うまでもない。しかし、わが国の場合、結果責任としての説明責任を厳格に履行することに対して無頓着な場合が多い。

特に、国および地方公共団体では、政策実現に向けた予算の策定がなされると、あとは予算の執行に心血を注ぎ、使われた予算の個別事業についての評価や、支出状況の適切性を検証することはほとんどない。そのため、業務受託者も説明責任を果たすことを回避しており、責任主体も極めてあいまいになっているのが実態である。

また、公益性の高い事業体であるかのような法人形態として、非営利法人の一種である社団法人形態での受注を促進させるような傾向もみられる。そのため、今回のような事案では監視の目をくぐり抜ける仕組みになっている。

われわれ国民は、こうした不透明な仕組みを甘受するのではなく、税金の正しい使われ方を監視する観点からも、不正摘発に向けた会計監査の充実を求めることが喫緊の課題である。

（経済　２０２０年6月30日）

監査現場の頑張りは敬服に値する。しかし、一番に守るべきは〝人命〟

国内上場企業の6割超が3月期決算を採用している。それらが決算をまとめ、株主総会の準備を本格化させるまさにそのタイミングで、新型コロナウイルスの国内での感染が拡大し、経済や社会生活への影響が日に日に深刻化する、という事態に見舞われた。ご多分に漏れず、会計監査も「例年と同じ」というわけにはいかなくなった。

この間、現場では、当然のごとくさまざまな問題が噴出したのだが、同時に今後のよい意味での教訓となる取り組みも見られた。その一つが、金融庁による「新型コロナウイルス感染症の影響を踏まえた企業決算・監査等への対応に係る連絡協議会」の設置（2020年4月3日）である。構成メンバーは、日本公認会計士協会、企業会計基準委員会、東京証券取引所、日本経済団体連合会、日本証券アナリスト協会で、全国銀行協会、法務省、経済産業省がオブザーバーとして参加した。

当時は、取り巻く環境が激変し、なおかつ「緊急事態宣言」の発出などにより移動が制限されるなかで、決算作業の遂行が危ぶまれ、監査業務にも類が及ぶ可能性が懸念されていた。現場・現物での実証手続を旨とする会計監査にとって、移動制限は特に痛手だった。

こうした状況を踏まえ、協議会（構成メンバー）は、「有価証券報告書等の提出期限の一律延長（9月末まで）」（金融庁）、「新型コロナウイルス感染症に関連する監査上の留意事項として、①会計上の見積り、②固定費等の会計処理並びに金融機関の自己査定及び償却・引当などの項目を公表」（会計士協会）、「株主総会の延期や継続会の開催など、例年とは異なるスケジュールや方法とすることの検討を求める声明文を公表」（協議会）――といった取り組みを、矢継ぎ早に実行したのである。

わが国では、過去に2度（バブル崩壊後の1997年12月、リーマン・ショック後の2008年10月）、金融機関の保有する有価証券の評価方法の変更を容認し、評価損の計上を回避させたことがある。恣意的な会計基準の変更は、「国を挙げての粉飾決算」とも揶揄された。会計や監査にかかわる重大な問題が発生した時には、関係者がしかるべきデュープロセス（正当な手続）にしたがって適切な方策を検討し、示していくというのが、ディスクロージャー制度のあるべき姿といえる。そうした可能性を示したという点でも、今回の協議会の試みは意義があったと考えるのである。

ところで、結局、2020年の3月期決算では、74%の企業が「45日ルール」の5月15日までに発表を終えており、定時株主総会を7月以降に延期した会社は20社にすぎなかった。企業の経理・財務担当者の真面目さ、頑張りは敬服に値するが、手放しで喜ぶわけにはいかない。リモートワークでは対応しきれず、連日の出社を強いられた、という話も聞く。これでは、自らの命を危険にさらすだけでなく、無理をすれば不正確な情報開示を招く危険性も高まる。

こういう場合に必要なのは、「急がなくてもいい」というトップのメッセージにほかならないのだが、関係者の話を聞く限り、経営陣の〝決算の現場〟に対する認識は、平時とあまり変わらないものだったようだ。日本企業のガバナンスの弱点が、そんなところにも透けて見える気がしてならない。

（AM　2020年10月1日）

不正を防ぐ砦＝監査法人の本気の〝覚悟〟が問われている

社外監査役としての体験談から。関与企業の担当監査法人から、次年度の監査報酬に関して増額要請を受けた時のこと。先方からは、諸般の事情を踏まえて、「3％程度の報酬のアップ」が提示されたので、私は、「日本の場合、監査報酬が諸外国に比して低額ということから、この際、倍の報酬にしなくてよいのですか。ただし――」と提案した。そして、きょとんとする周囲の面々に続けたのは、次のような話だ。

「日頃より経理の現場から、『判断に迷う事項について監査法人の担当者に質問すると、必ずといっていいほど〝持ち帰って調べます〟と言う。返答をもらえるまでの1週間、フラストレーションが溜まりっぱなしだ』と聞きます。報酬を倍にすることで、質問に即答できる体制で臨んでもらえませんか」

予想外の展開に戸惑う監査法人主査の口をついたのは、「持ち帰って検討させてください」という答えだった。

三題噺のような話をやりたかったのではないことは、理解していただけると思うが、はたして1週間後の返答は、「その提案にはお応えしかねます」というものだった。どうしてそのくらいの覚悟が持てないのか残念な気もしたが、監査業界の現状を見れば、仕方ないのかと半ば諦めの気持ちになるのも確かだ。

結局その企業は、「3%アップ」を飲んで監査契約を継続したが、日本でも今、報酬の折り合いがつかずに監査法人のローテーションが行われることは、珍しくない。本誌コラムでも何度か書いたが、そもそも「自分が受けるメリットの対価を支払う」一般的取引と違い、投資家や株主といった他者のために支出される監査報酬の位置付けは、説明がしにくい。企業ができるだけ〝節約〟したいと考えるのは理解できる。そして、そこに「監査対象の企業から報酬をもらって監査する」という利益相反を疑われる構造にあることも、他の商取引とは違う。

2020年6月、またもその弱点が露呈したとされる大事件が発覚した。ドイツのフィンテック最大手だったワイヤーカードが、存在するはずの19億ユーロ（2300億円）の手元資金がもともとなかった可能性が高いことを明らかにした後、経営破綻したのだ。不正発覚のきっかけは、担当監査人が、財務報告書への承認を拒んだことだった。だが、報道によれば、当該監査人は2016年からの3年間、預金残高の十分な確認を行っていなかったのだという。

問題の銀行口座は、ドイツではなくシンガポールに開設されたものだった。監査人の精細な調査を回避する方策であることは明らかで、やり口としては単純だ。ただし、21世紀初頭の米エンロン、ワールドコム、イタリアのパルマラットから直近の東芝事件まで、巨額の会計不正は、みな単純なものだった。名だたる監査法人の懐疑心が不足し、偽物を見抜く目が欠けていた（中には不正に手を貸した例もあったが）ために、それらがスルーされてしまったわけである。

今回の事件を報じるメディアには、「監査のモデル自体を考え直す時だ」（英フィナンシャル・タイムズ／ブルック・マスターズ氏）といった主張も見られるが、これも手垢がついた議論だ。では、どんなモデルが考えられるのか、記事では一行も語られてはいないからである。

同様の事件がまた日本で起きる素地は、多分にあると私は思っている。不正を防ぐ砦ともいえる監査法人の〝覚悟〟が、あらためて問われている。

（AM　2021年1月1日）

抜本的な監査システムの再構築と、徹底的な会計士の意識改革を

別稿（72ページ）で、金融庁が2020年4月、「新型コロナウイルス感染症の影響を踏まえた企業決算・監査等への対応に係る連絡協議会」（公認会計士協会、東証、経団連などで構成）を設置した、という話をした。緊急事態宣言の発出などにより決算作業の遂行が危ぶまれる中、有価証券報告書等の提出期限の延長や、株主総会の延期をいち早く提言するなど、緊急時にふさわしい対応を実行できたという点で、この取り組みは教訓を残した。

ただし、誤算もあった。当時はあくまでも20年限定の緊急対応という認識だったのだが、その後、第2波、第3波の感染拡大に見舞われるなどコロナ禍が常態化する中で、再び〝決算のピーク〟を迎えることになったのである。企業の決算作業や監査業務への影響もさることながら、決算の中身もシビアに問われることになる。

昨期、〝一過性の経営問題〟という認識の下で認められた会計上の措置、一例を挙げれば「厳格な〝のれん〟の減損は、納得のいく説明があれば回避する」といった柔軟な対応が、どこま

で許容できるのか。コロナによる業績不振で、「継続企業の前提（ゴーイングコンサーン）」に疑義の生じるような事例も、激増するはずだ。それに直面した場合、監査人はどう判断を下すのか。なんとも悩ましい状況と言わざるを得ない。

ことここに至り、我々に突き付けられた課題は、もはや目の前の決算を乗り切ればいいという域を超えた、と覚悟を決める必要がある。新型コロナは、社会のあり方を変え、例えば在宅勤務という働き方は、感染収束の如何を問わず定着したとみるべきだ。ならば、監査もそれらに対応した中長期的視点に立った取り組みの再構築などを急がなくてはならない。

対面での監査手続が制限される中、検討されているのが、ＩＴやＡＩ、ＩｏＴを活用した「リモート監査」だ。４大監査法人が先行するかたちで、すでに「残高確認手続の電子化」（トーマツ）、「ＡＩと文字認識技術を活用した電子証拠の自動確認」（あずさ）といった様々な取り組みも始まっている（『日本経済新聞』）。デジタル化には、煩雑なルーチンワークから人間を解放するというメリットもある。監査についていえば、そのことにより、より精密な検証などにマンパワーを差し向けることが可能になる。

他方、会計監査という業務は、他の一般的なビジネスとは違う。リモートに依拠してリアルを失った環境が、厳正な監査を棄損することはないだろうか。リモートでやり取りされるデジタルデータは、改竄などの不正の可能性がつきまとう〝諸刃の剣〟であることも、当然念頭に置く必要がある。本来ならばもう少し先に、より時間をかけて進めるはずだった課題にどう答えを出していくのか。関係者の知恵や経験を結集すべき時だと思う。

システム以上に重要なのが、人間力だ。経営者と対峙するようなシビアな判断を的確に行うためには、会計知識を備えているだけではまったく不十分である。つまり、独占的な業務を担う会計士にはビジネス感覚、経済の知識、国際感覚、統計分析能力、語学力、ITの知識といった広範な能力が求められる。しかし、これらはいずれも会計士試験では問われない能力ばかりである。

「連絡協議会」の設置で、危機対応力のあるところは示した。今度は、システムや監査する側の意識、資質をコロナ以後の環境に順応すべく、抜本的な改革を進めることが喫緊の課題であるといえる。

（AM　2021年4月1日）

「意見不表明」は、監査法人や市場への不信を増幅しかねない

最近、上場会社の決算で、監査意見不表明になる事例が散見されており、監査の信頼性に一抹の不安を感じている。本来は、無限定の適正意見付きの財務諸表が公表されることで市場の信頼を確保し、投資家の利益を守る点に監査の使命があるからである。

確かに、「ハイアス・アンド・カンパニー」(2016年の上場来、20年4月期3Qの全期間)、「理研ビタミン」(2016年3月期~21年3月期2Q)、「ジャパンディスプレイ」(2014年3月期)、「ブロードメディア」(2018年3月期3Q)、「東芝」(2017年3月期3Q)、「ウェッジホールディングス」(2020年9月期~21年9月期2Q)といった企業の財務諸表に対して、この〝意見不表明〟の烙印が押されている。

かりに監査の結果、重要な点で「決算数字がおかしい」と判断された場合には、監査法人からの〝適正意見〟はもらえず、〝限定付適正意見〟もしくは〝不適正意見〟が表明されることになる。そうしたメカニズムによって、財務諸表の投資判断における有用性は、担保されてい

るのである。

一方、問題の〝意見不表明〟とは何か？ 監査基準の規定には、「監査人は、重要な監査手続を実施できなかったことにより、自己の意見を形成するに足る基礎を得られないときは、意見を表明してはならない」（監査基準・第四報告基準 一 基本原則の4）とある。何らかの理由で重要な監査手続が実施できない、あるいは監査の範囲が制約されたために、意見を裏づける十分な証拠が得られない場合などに、やむをえず「財務諸表の適否を判断できない」ということで意見不表明とするのである。

では上記の事例は、具体的に何を理由としたものだったのか？

例えば「ハイアス・アンド・カンパニー」の事例は、経営陣による監査法人への虚偽説明や妨害行為などにより、経営者の誠実性に深刻な疑義がある、との理由で上場来全期間について意見不表明となったのである。他の事例についても、多くは〝経営陣による不正〟や〝内部統制の重大な不備〟などが疑われた結果だった。

しかし、その判断には疑問が残る。監査基準の規定は、基本的に監査手続の実施面での制約ないしは困難性について述べたものだ。〝経営者の不誠実性〟は、その企業の内部統制にかかわるもので、監査基準の趣旨とは必ずしも一致しない。したがって、監査報告では、本来〝不適正〟を表明すべきではなかったのか。

今後も同様の事例が続発するようなことになれば、監査法人や市場そのものへの不信が増幅しかねないことを危惧する。

ところで、2019年の監査基準の改訂で、監査報告書の記載内容・ひな形が改定された。しかし、日本公認会計士協会が、改訂初年度の20年3月期の有価証券報告書について調べたところ、改訂前の監査基準のままの記載方法であったことから、監査報告書を訂正した事例が20件にのぼったという。監査基準が頻繁に変わるとはいえ、監査報告書の記載方法という〝一丁目一番地〟を誤るのでは、余りにも情けない。

また、21年3月期決算から、「監査上の主要な検討事項」（KAM）の記載が導入された。企業と財務諸表利用者の対話の充実、企業と監査人とのコミュニケーションの充実による監査品質の向上が期待されるが、実務的な課題は多い。会計士協会が音頭を取って実務ガイダンスを策定するなど、実効性ある取り組みを行うことが必要だ。


（AM　2021年7月1日）

意見不表明を糺す

会計監査人により公表される監査報告書では、企業の財務諸表が適正か否かの監査意見が記載される。監査人としては、適正か不適正かの監査意見を支えるに足る十分な根拠を得ていることが前提とされる。しかし、重要な監査手続きを実施できなかったことなどにより、財務諸表全体に対する意見表明の基礎を得られなかったときには監査意見を表明してはならない。これが「意見不表明」の報告書であり、極めてまれな場合しか公表されない。それは財務諸表が正しいのか、正しくないのかのいずれをも明示しておらず、いわば監査の未了を意味するからである。こうした報告書は「無意見報告書」と称され、監査制度の根幹を揺るがしかねない。そのため、自然災害などの外的要因や内部統制の重大な不備などにより、監査実施上の制約が余儀なくされる場合しか想定されていない。

しかし、２０１５年に不正会計が発覚した東芝のその後の監査結果をはじめ、明らかに不適切会計と思われる事案が露呈した会社の監査において、意見不表明の報告書が相次いでいる。

中でも2015年設立、2018年に東証マザーズ上場、2020年10月に東証1部に変更された教育サービスのエデュラボは、売上高の実在性及び期間帰属の適切性などに疑義が生じたとして、監査法人は上場前から20年9月期までのすべての会計期間で表明してきた適正意見を意見不表明に訂正した。まさに市場の信頼を裏切る行為といわざるを得ない。経営者をはじめ取締役及び監査役は当然のこと、上場に関わった主幹事証券会社、監査法人、そして審査担当の東京証券取引所がいかなる責任を負うのか。意見不表明が提起した課題は極めて大きいのである。

（経済　2021年12月9日）

今、監査法人の設立要件自体から見直すような議論が求められている

２０２２年通常国会に提出、審議されていた公認会計士法の改正案が、５月11日に可決、成立した。同法の改正は、２００７年以来15年ぶりのことだ。

今回の法改正は、直接的には金融庁の「金融審議会公認会計士制度部会」の報告（２０２２年１月４日）がベースになっているが、それに先立って同「会計監査の在り方に関する懇談会」で議論が進められ、２０２１年11月12日に論点整理「会計監査の更なる信頼性確保に向けて」が公表された。私はその〝在り方懇〟の座長を務め、報告書の作成にも中心的にかかわった。

法改正に際しての金融庁の主たる問題意識は〝上場会社の監査における信頼性確保〟にあった。監査対象の拡大に伴い、法定監査の対象となる企業・団体の数は増加している。とはいえ、やはり不特定多数の利害関係者に影響を及ぼし、海外の投資家も多くいる上場企業や大会社の財務報告の信頼性を保証する会計監査の重要性は、他とは比較にならない。その信頼が揺らげば、日本の資本市場が適切に機能を果たすことも困難になるだろう。論点整理では、上場会社

の監査を行う監査法人に対しては、それ以外の法人に比して、より高い規律を求めている海外の状況も踏まえ、「体制、リソース、情報提供等の観点から、わが国においても同様に、より高い規律付けを検討すべきである」と提言した。

今回具体化されたのが、上場会社監査についての「法律上の登録制」の導入である。従来、日本公認会計士協会が自主規制としての「上場会社監査事務所登録制度」を運用してきた。私自身、米国での対応を参考に、この制度の導入を提唱した一人であったが、〝準則主義〟の弱点は否めなかった。つまり、実質的な審査などはなく、一定の基準を満たせば登録できる。業務改善命令をはじめ金融庁による監査法人に対する処分は毎年行われている一方、2016年度以降、この制度の登録取り消しはわずか2件に過ぎず、機能しているとは言い難い現状があった。

改正法では、自主規制だった登録制度が、法律の下で運用する枠組みに〝格上げ〟された。登録に際しては、会計士協会が適格性を確認し、登録を受けた監査事務所に対しては、監査法人ガバナンス・コードの受け入れ、情報開示の充実などの規律付けを課していく、とされた。

このほか、改正法では、公認会計士・監査審査会の立入検査などにおいて、法人の業務運営に加え虚偽証明等の検証も行えるよう、見直しが行われた。また、公認会計士の資格要件である実務経験期間を〝2年以上〟から〝3年以上〟にする、監査法人社員と会社役員の配偶関係に基づく業務制限を〝監査に関与するケース〟に限定する（従来は全社員対象）、会計士協会による会計教育活動の推進——などの内容が盛り込まれている。

15年ぶりとはいえ、今回は〝当面の課題〟への対応策を示した法改正といえる。そもそもの話をすれば、「5人以上の公認会計士が社員として出資し、連帯して無限責任を負う」という監査法人の仕組みは、1966年の改正会計士法によって誕生したものだ。当時、パートナーだけで600～700人が在籍するような法人の出現は、想定されていなかった。監査をめぐる環境がこれだけ変化しているのに、いまだに半世紀以上前の決まりで監査制度が運営されるなど、ありえないのである。今こそ、監査法人の設立要件自体を見直すべく、本格的な議論を開始すべき時期に来ているといえるであろう。

（AM　2022年7月1日）

高品質な監査を担保する仕組み、「日本版ＰＯＢ」の創設を考える

「監査法人の組織的な運営に関する原則」（監査法人のガバナンス・コード、２０１７年3月31日策定）が、２０２３年3月24日に改訂された。主な改訂項目は、①監査法人が果たすべき役割として、「高品質の監査の実施」を再確認していること、②監査法人における経営機能の実効性を確保すること、③監査法人における「監督・評価機能」を確保するために、独立した第三者の活用とその開示を行うこと、④グローバルに活動する監査法人の海外ネットワークとの関係性等についての開示を行うこと―である。

そもそもガバナンス・コードは、中小監査法人による上場企業の監査が増加している状況を踏まえ、「監査の担い手全体の監査品質の向上」を図る目的でつくられた。わかりやすく言えば、「大手監査法人に高品質の監査の範を示してもらうのはもちろん、上場企業の監査を行う以上、中小にも一定以上の水準を求める」ということだ。ちなみに、ＩＰＯの増加などを背景に、上場企業の監査を行う法人数は１２０に達している。中小法人のウエートは、ますます高まって

いるのである。

ただし、中小法人に４大法人と同等のことをやれと言っても、無理がある。なかでも問題になるのが、コードの改訂点③にかかわる「独立した監督・評価機関の設置」だ。彼らの多くは、それを置ける財政基盤、人的リソースを持たない。しかし、高品質な監査を担保する仕組みを欠けば、いくらコードをつくっても絵に描いた餅になってしまう。

そこで提案したいのが、「日本版ＰＯＢ」の創設である。ＰＯＢとは、１９７８年に米国公認会計士協会（ＡＩＣＰＡ）の外部に設置された「公共監視審査会（Public Oversight Board)」を指す。当時、米国では、監査に絡む不祥事の対策として、監査内容を法人間で相互に審査する〝ピアレビュー〟が始まっていた。その中身をチェックして、業界内の馴れ合いを防ぐのがＰＯＢの役割だった。

この自主規制の仕組みに興味を抱いた私は、１９９５年にＰＯＢを訪問し、以後、年次の報告書などを入手して、研究対象としていた。ただ、ＰＯＢ自体は、エンロン事件を〝見逃した〟ことで議会などから追及され、２００２年に解散し、新たに非政府組織「公開会社会計監視委員会（Public Company Accounting Oversight Board：PCAOB)」が設けられた。

監査の品質向上のためには〝外の目〟による監視が必要だが、中小の事務所には独自にその機能を備える余力がない。そんな日本の現状を打開するのに、このPOB方式はうってつけではないだろうか。とはいえ、今さら米国で〝失敗〟したスキームを真似るのか、という疑問を抱く人がいるかもしれない。

米国の場合、POBへの資金援助と人選は、AICPAが行っていた。「日本版」については、日本公認会計士協会が設立を主導するものの、資金も人事権も協会から独立させるべきだろう。活動資金は、例えば各監査法人が報酬の一部を出資する、といった方法で捻出すればいいのではないか。具体的には、公認会計士試験合格者の実務補習やCPE研修などを行っている一般財団法人会計教育研修機構の1セクションとして独立させることなどが考えられる。

米国の会計プロフェッションは、自主規制から官規制への流れとなった。一方、ずっと官規制主導でやってきた日本で、自主規制を一歩進める可能性を探るのは、決して無意味なことではないはずだ。

（AM　2023年7月1日）

株主に対する違法な「過大配当」の報道から考える、会社と監査人の責任

「取締役がすべてを認識している必要はなく、私も規則を全然知らなかった。（監査した）公認会計士も知らず、何のために置いているのかということになった」

発言の主は、ニデック（旧日本電産）のカリスマ経営者、永守重信会長兼最高経営責任者（CEO）だ。2023年の株主総会でこのように述べたという（新聞報道による）。

永守氏が「知らなかった」というのは、2023年5月に表面化した同社による株主への利益の違法な「過大配当」のことだ。近年、株主還元の強化を求める声が高まるなか、同社も永守氏の号令一下、株主配当の増額と自己株式の取得（自社株買い）を急速に推し進めた。ただし、株主への分配可能額には、債権者保護の観点から、会社法で上限が設けられている。同社は、この上限を超える違法な株主還元を行い、超過額は2022年4～9月期の中間配当額201億円、2022年9月～2023年3月までに実施した自社株買いのうち約87億円の計288億円に上るという。

今回の事案は、意図的な不正ではなく、不注意によるミスなのだろう。しかし、結果が〝違法〟であることには変わりはない。会社が立ち上げた「外部調査委員会」の報告によれば、配当にかかわる業務を担当する経理部と、自己株式取得にかかわる財務部の連携不足などが原因とされる。日本を代表する〝優良企業〟の内実に、あ然とするばかり。自ら認めた永守氏以下、取締役会、監査等委員の知識、認識の欠落、経営権の一極集中下でのガバナンス不全が招いた人災だと言わざるを得ない。

さらに問題なのは、こうした事態が明らかになったにもかかわらず、経営トップが「取締役がすべてを認識している必要はない」と開き直っていることだ。経営者が最低の会計リテラシーと関連規制に関する知識を欠いていたことを本気で反省し、改善を図る意思を持たなかったら、今後もこの分野に関する内部統制が十分に機能するとは思えない。総会の場で、株主から「取締役会のほとんどが規制を知らないなど、上場企業では聞いたことがない」と、会社の現状を危惧する意見が出たのも当然だろう。

本件で会社は、株主に対して超過分の返還は求めないことを決めた。その株主には、2023年3月末時点で8・6%を保有する第2位の大株主の永守氏自身も含まれる。このような不当な対応が容認されてよいのであろうか。

自らの責任を曖昧にする一方で、永守氏は釈明にわざわざ監査人を持ち出し、それを転嫁した。「(会計士が)最後に見てくれるという安心感があった」とも言うのだが、だからといって、経営者としての責任から逃れられるものではもちろんない。あくまでも〝不当な処理〟をしたのは、会社なのだ。

では、会計士に責任はなかったのか。今回の件について、監査を担当したPwC京都監査法人は、守秘義務などを理由にコメントしていない。関係者間でどんなやり取りがあったのかはわからないが、会計処理に関する重大な誤りが見逃された以上、「まったく責任なし」とは言えないのではないか。

このニデックの問題が発覚して以降、他社でも同様の事態が報告されている。こうした問題で責めを負うべきは、第一に企業(経営サイド)、次に監査役等(監査等委員)である。だが、会計監査人の責任もゼロではない。とりわけ世間の目は厳しいことを自覚する必要がある。

(AM 2023年10月1日)

証券監督者国際機構の提言により、自主規制機能が危機に瀕している

日本公認会計士協会（JICPA）は、自らを自主規制団体と規定している。ところが、その自主規制の機能が、今、〝外圧〟による制度的な危機に瀕している。

2022年末、世界の証券市場の監督を司る証券監督者国際機構（IOSCO）主導のモニタリング・グループ（MG）の提言による構造改革で、その下に国際倫理・監査財団（IFEA）という新組織が誕生した。そして2023年1月、それまで国際会計士連盟（IFAC）傘下にあった国際監査・保証基準審議会（IAASB）と国際会計士倫理基準審議会（IESBA）が、新生IFEAの下に移管されることになった――。

端的に言えば、国際的な監査基準を策定するIAASBと倫理基準に関与するIESBAが会計士業界の手を離れ、規制当局直轄となった、ということだ。

MGの狙いは、公共の利益に応えるためにマルチステークホルダーの意見を取り入れ、監査の〝独立性〟を高めることにある。例えば2025年をめどに、IAASBとIESBAのメ

ンバー選出を行う基準設定審議会指名委員会でのボードメンバーにおける監査実務家の枠を、16議席中5議席（従来は9／18議席）まで削減するという。

会計プロフェッションにおける自主規制の重要性を指摘してきた立場から見て、これは「とんでもないこと」なのだ。監査基準と倫理基準の設定は、会計プロフェッションの自主規制の要である。特に自ら倫理基準を定め、自らを律することは、社会の信頼性を担保する生命線と言っていい。それを丸ごと取り上げてしまったのだ。

今回のMG改革の最大の矛盾を指摘しておこう。倫理基準設定を担うIESBAの喫緊の課題に、企業が開示するサステナビリティ情報の保証業務に関する倫理・独立性基準の設定がある。ダイバーシティや気候変動に対する取り組みなどの非財務情報が信頼に足るものなのかに関しての保証業務には、すでに経営コンサルタントなどの〝非会計士〟が関与し始めている。そのためIESBAは、IOSCOの意向を受けて、既存の倫理基準を改訂して、非会計士にも遵守を求める倫理基準を策定してきているのである。

そもそも、IESBAのAは「for Accountants」だ。非会計士まで対象にした倫理基準を策定するのは、越権行為そのものではないか。それどころか、自主規制団体に属し、その倫理基準に違反すれば懲戒処分の対象にもなる会計士と異なり、非会計士にそうした〝強制力〟はない。何より、保証業務に不可欠な倫理の意味を学ぶ機会も経験もなかったはずだ。非会計士がそうした倫理基準を厳格に遵守し、かつ、職業倫理に裏打ちされた業務に取り組む保証などどこにもない。改訂された倫理基準が独り歩きし、結果的に実態の伴わない保証業務に信用の〝お墨付き〟が乱発されるようなことになったら、それこそ不利益を被るのは投資家等のステークホルダーなのである。

不幸にも、IFACはこの改革を受け入れ、今後はIAASB、IESBAに対する資金・人材面などのサポート役に徹する、というスタンスだ。IFACの主要メンバーであり、これまでそこで策定されるルールを基に自国の基準を定めてきたJICPAは、どうするのか。MG改革すなわち非会計人主体の基準づくりに従うということは、会計プロフェッションの自主規制の終焉を意味すると言っても、過言ではない。関係する人々にそういう危機感、問題意識はどれくらいあるのか。私が最も危惧するのは、実はその点だ。

（AM　2024年7月1日）

「上場会社等監査人登録制度」の行方に注目せざるを得ない理由

近年、上場企業監査に占める中小監査法人のウエートが高まるに従い、その品質の担保が課題に上っている。2023年4月に施行された「公認会計士法及び金融商品取引法の一部を改正する法律」(以下「改正法」)に、「上場会社等監査人登録制度」の導入が盛り込まれたのには、そうした背景があった。日本公認会計士協会は、以前から自主規制としての独自の登録制度を設けていたが、上場企業監査をしたければ、要件を満たして上場会社等監査人名簿に登録されることが、法的義務とされたわけである。

一方、改正法施行の時点で上場企業監査を行っていた法人には、未登録でも一定の期間、監査を続けることができる経過措置(みなし登録上場会社等監査人)が認められ、その期限は2024年9月30日までとなっていた。

監査水準を向上させる方策として、この登録制度を評価するにやぶさかではない。しかし、現状を打開する切り札になるのかといえば、疑問も残るのだ。

そもそも、期限までに監査人名簿への登録はどれだけ進むのだろうか。ちなみに完全実施を2カ月後に控えた2024年8月7日の時点で、新制度への登録済みは86法人、先ほどの「みなし登録監査人」が46法人となっている。※つまり、従来およそ130の監査法人で上場企業監査を行ってきたことになるのだが、10月1日以降どうなるのかは、未知数だ。

もっと根深い問題もある。現在、日本には上場企業が約4000社ある。そのうち大手4法人が6割強の企業の監査を担当し、残りの企業を中堅・中小法人が担当している。さらにそのうち100法人ほどは、1桁の数の企業しか担当しておらず、1社のみ担当の監査法人も30近く存在する。こうした法人は、監査だけでは食べていけず、コンサルや税務といった兼業に勤しむことも少なくない。4大+中堅どころの上位約10法人とその他の中小法人との落差は、想像以上に大きく、同等の監査品質が保たれているとは言い難い。

にもかかわらず、金融庁は、本来NGだったはずの監査法人の兼業に目をつぶるなど、中小監査法人を上場企業監査から無下に排除したりはしていない。理由は、それをやれば、〝監査難民〟の多発が必至だからである。一方、監査に携わる公認会計士のリソースは減っている。大手が〝効率的な監査〟を標榜し、あえて言えば「手間のかからない企業」「リスクのない会社」にクライアントを絞る動きを強めるなかで、中小監査法人にその受け皿になってもらわなくてはならない現実があるのだ。

しかし、そうした対応と、今回の監査法人の登録制度の法制化に込められた方向性は、明らかに矛盾する。その原因を突き詰めていくと、事の本質が監査の側の問題にとどまらないこともみえてくる。外資を呼び込むのはいいが、東京証券取引所は、真にそれに値する企業をしっかりと選び、上場させているのだろうか。また、経済活性化を旗印にＩＰＯのハードルを下げてきた政府に、そのような視点はあるのか。

増加する監査ニーズへの対応が優先され、信頼性を担保する品質の追求という理念が置き去りにされれば、監査不信をめぐる問題が多発し、ひいては日本市場に対する信頼性に響くかもしれない。理念に基づいて制度化された上場会社等監査人登録制度がどのように運用されるのか、そうした点からも注目せざるをえない。

（ＡＭ　２０２４年10月１日）

※その後、９月24日の時点で、新制度への登録済みは１０６法人、「みなし登録監査法人」は27法人となっている。

第3部

ガバナンス編

【掲載誌・略表記】
経済：経済気象台
AM：Accountant's magazine
CG：Corporate Governance

第三者委員会のコスト

不祥事がなくならない。ひとたび不祥事が発覚すると、組織の対応として、まずは不祥事発生に対する謝罪、そして原因究明と再発防止策などを示すために第三者委員会を設置して、一応の幕引きを行うというのが常套手段となっている。

しかし、これまで第三者委員会が公表してきた報告書の信頼性については、様々な疑念が示されている。

つまり、不祥事を起こした企業の責任者のもとで、委員会の委員が選任され、例えば、会計不正の案件でありながら、委員に会計の専門家がほとんどいないといったように、委員会の適格性に対する批判がある。公表された報告書の内容が、その不祥事案件に責任ある立場の者を擁護するような事例もある。要するに第三者委員会の名にふさわしい独立性と専門性が欠落しているのである。

加えて、不祥事の発覚によって毀損《きそん》した企業価値を回復するための委員会でありながら、委員会業務などに数億円規模の支払いがなされた事例を耳にする。にもかかわらず、そうしたコストを責任が問われている企業自身が負担し、一切の開示もしていない。

第三者委員会の活動は、監査法人による監査に酷似している。依頼主からの独立性を保持し、専門能力を持って組織的に業務を行い、その結果を信頼しうる報告書として公表する。わが国では、監査報酬については有価証券報告書での開示が義務付けられており、その透明性が担保されている。

第三者委員会が信頼を得るためには、たんに設置することで免罪符を得たと勘違いするのではなく、企業自身、委員会手当を含むすべての委員会コストを開示して説明責任を果たすべきである。

（経済　２０１４年10月18日）

性急すぎる女性の登用

総選挙でアベノミクスが追認されたと与党は豪語しているが、女性登用の政策については、あまりに性急すぎるとの見方もある。

「2020年までに指導的地位の女性の割合30％」の目標は、既に10年以上も前に、男女共同参画会議で設定されたもの。第2次安倍政権が2014年6月に公表した「日本再興戦略」の改訂版に再び盛り込まれた。経済成長の「担い手を生み出す」ため、女性が力を最大限発揮できるようにアクセルを踏み始めたのである。

確かに、わが国の就業者に占める女性の割合は4割を超えていて諸外国に比べて遜色ないが、指導的地位と解される管理職に占める女性の割合は2013年度で6・6％と異常に低い。欧米は3割を超えている。

女性活躍推進法案は衆議院解散で廃案になり、政府は当面、経済界へプレッシャーをかけたり、大臣認可が求められる人事では率先して女性の登用を推し進めたりしている。

ただ、相応の知見と経験を備えた管理職予備軍とされる女性の数があまりにも少ないという現実がある。現時点では、特定の女性の奪い合い、ないしは一人の女性が複数の管理職・役員を兼務するといった状況も見られる。

日本の稼ぐ力を取り戻すためのコーポレートガバナンス（企業統治）の強化の一環で、社外取締役や社外監査役に女性を登用する動きも急を告げている。しかし、経済界のみならず学界でも、女性メンバーの数は1割に満たない所が多い。

急ごしらえの女性管理職・役員が増えることで、優秀な男性に対する逆差別の傾向が顕著にならないか。かえって企業の競争力をそぐことにならないか。危惧している。

（経済　2015年1月21日）

米国型それとも英国型

米国と英国の経済システムは決して一律ではない。アングロ・サクソン諸国と一括されることはあっても、それぞれに国の歴史や文化、さらには法制度が異なるためだ。

わが国は経済システムだけでなく、多くの法制度について、戦後は一貫して米国型の仕組みを移入してきている。とりわけ21世紀以降は米国一辺倒の流れにあり、株式会社のガバナンス（統治）議論においても顕著な傾向だ。従来の監査役設置会社にかえて、2002年の商法改正で導入された委員会設置会社は、米国型の「実効性の高いコーポレートガバナンス」を目指したものだった。

しかし、エンロン社などの企業不正が露呈したことから、委員会設置会社は十分に浸透せず、逆に、米国型ガバナンスに疑問さえ発せられた。そのため、2014年に成立した改正会社法では、監査等委員会設置会社と指名委員会等設置会社に区分して、いま一度、監査役制度からの脱却を図ろうとしている。

一方、政府が２０１４年に公表した「日本再興戦略」では、日本の稼ぐ力を取り戻すとの視点から、コーポレートガバナンスの強化がうたわれている。これを受け、金融庁と東京証券取引所がまとめた行動指針「コーポレートガバナンス・コード」の原案は、基本的に、20世紀末から英国で導入された制度を踏襲したものだ。英国のビジネス社会の底流をなす基本思想「遵守せよ、さもなくば、従わない理由を説明せよ（コンプライ・オア・エクスプレイン）」を前面に打ち出していることからも明らかである。

規制を受ける会社としては、米国型か英国型か、定見のない議論に振り回されたくないというのが本音であろう。

（経済　２０１５年３月28日）

東芝とシャープ

戦後の高度経済成長を担った電機業界巨頭の東芝とシャープが、経営の屋台骨を揺るがす課題に直面している。

東芝は複数年にわたる不適切会計問題が露呈し、過年度決算の修正を余儀なくされるだけでなく、2015年3月期の決算さえ確定困難な状況になっている。一方、シャープは主力事業である液晶部門からの転換の遅れや、長期にわたる経営悪化への判断ミスが重なり、重大な経営危機に陥っている。

両社をめぐる経営課題は全く異なるように思えるが、背後に共通の問題を抱えている。それは、健全な企業として稼ぐ力を取り戻すための基本課題、コーポレートガバナンス（企業統治）の機能不全である。

東芝は執行と監督を分離し、社外取締役に監視機能を持たせる委員会設置会社制度を導入している。著名な学者らを社外取締役として選任することで、内部統制やガバナンスの実効性を示してきた。一方、シャープは監査役会制度の中で、社外監査役以外にすでに複数の社外取締役を選任して、ガバナンスの強化を図っている。

しかし、今回明らかになったのは、両社ともに企業の存続そのものを左右するほどに重篤な経営課題である。輝かしい経歴を有する両社の社外役員が果たしてきた役割は不分明であり、有事とされる事態に至っても、外部からは彼らの顔が一切見えない。

社外役員の役割は多岐にわたるが、経営戦略やビジョンに関わる企業の根幹をなす問題、企業の存続を脅かす有事の際には、感覚を研ぎ澄まし、迅速な対応を先導することが求められる。今回の事例は、真に機能する社外取締役の登用と活用が不可欠であることを示している。

（経済　2015年6月4日）

外国人役員登用のリスク

グローバルな事業展開を進める企業にとって、国際感覚にたけた優秀な人材の登用は急務である。外国人を社外役員としてだけでなく、執行業務を担う役員として登用している企業もあるが、課題も多い。

武田薬品工業では、株主総会の直前になって、取締役の選任議案に提示されていた最高財務責任者（CFO）が、他社に引き抜かれて退任する事態に見舞われた。欧米では日常茶飯事のことと、諦観《ていかん》する向きもある。そもそも同氏の場合、2年前に武田が他社から引き抜いて入社したばかり。お互い様というのであろうか。

しかし、日本人役員がこのようなドライな行動を取ったら、厳しい評価が下されることは間違いない。それは日本的な終身雇用とか愛社精神といった考えを持ち出さずとも、人として「仁義にもとる」という点から受け入れられないのである。

トヨタ自動車では、2012年に米国の現地法人に入社した外国人女性が、2015年4月に女性初の常務役員として登用された。就任当初はダイバーシティ（多様性）の促進につながる英断として、トヨタの人事戦略は国内外から高評価を得ていた。それが株主総会直後、麻薬取締法違反（輸入）容疑で逮捕されたことで辞任に至っている。

薬物の取り扱いについて、わが国は厳格な対応が講じられている。医療用麻薬が鎮痛剤として広く処方され、乱用が問題になっている国とは環境が全く異なることを認識すべきである。外国人の場合、生まれ育った環境、国の歴史および制度、さらには、人としての生き方にも影響する価値観や倫理観が大きく異なっている。それを過小評価して、グローバル要員として登用することのリスクを再認識すべきであろう。

（経済　2015年7月3日）

社外取締役の報酬

上場会社に適用される「コーポレートガバナンス・コード」の中で、最も話題となっているのが、独立社外取締役を複数選任すべきだとする原則である。会社の持続的な成長と価値向上を図るため、経営監視機能を高める必要があるからだ。しかし、社外取締役が複数選任されていたにもかかわらず、経営者主導の不正行為などに対して全く機能していなかったという事例は、東芝だけでなく複数ある。

2001年に経営破綻《はたん》した米エンロン社の場合は、高名な社外取締役を多数選任し、公開会社の中で最高額の役員報酬を支払っていた。そのために、社外取締役自らも認めていることだが、判断が鈍ったとされている。会社が高額報酬と引き換えに社外取締役の名声と信用をうまく利用していたことになる。

ただ、独立社外取締役の重要性を主張する米国でも、無報酬に近い形で職責を果たしている者も多くいるという。貢献に社会的なリスペクト（尊敬）や栄誉を与える環境が定着しているからだ。企業価値を毀損《きそん》し、市場の信頼を失墜させるような不正を見逃すことがあれば、自身の名誉に傷がつく。そのため、経営監視の役割を最大限に果たそうとするのである。

わが国の場合、社外取締役の報酬は有価証券報告書に開示のとおり、庶民感覚からすると、一般に高額である。経営者の暴走に対しては、職を辞する覚悟で臨むこともあり、報酬の誘惑を断ち切る気概と責任感こそが社外取締役の原点である。

実際に財団法人や社団法人などの評議員や理事、監事の場合、社会的にも地位が高く高名な人たちが無報酬で重責を担い、広く尊敬の念を得ている例がある。これに倣いたいものである。

（経済　２０１５年10月15日）

企業不祥事と社外役員

2015年も師走を迎え、そろそろ年度の総括を始める時期に来ている。市場をにぎわした事案といえば、東芝など多くの企業で不祥事が露呈したことであろう。その都度、企業トップが謝罪し、第三者委員会を立ち上げ、真因究明と是正策の提言を受け、新執行部での再生を誓うのが通例となった。

確かに、経営の執行を担うトップの責任は大きい。しかし、執行サイドの暴走や、不適切な判断を抑止する役割を担っているのは、監査役をはじめ社外取締役らの独立社外役員である。

ひとたび不祥事が発覚したら、独立社外役員は直ちにリーダーシップを発揮して、適切に対応することが求められる。企業自体に自治・自浄能力のあることを明示して、早期に信用回復に努めることが肝要である。

ただ、不正会計の場合、企業関係者の責任を度外視して、市場の番人ともされる会計監査人の責任を問う声も多い。14年の会社法改正で、会計監査人の選解任・不再任議案の内容は、監査役(会)などが決めることになった。それを受けて日本監査役協会では、会計監査人の評価や選定のための基準を示している。

しかし、不正防止を担う監査役(会)などが十分に機能していないことが、まず問われるべきである。そのためにも、監査役(会)などが本来の監督・監視能力を備え、かつ、信頼に足る業務遂行をしているか、会計監査人サイドが適切に評価することが不可欠である。

会計監査人の評価のみを先行させるのではなく、こうした相互評価を強化することが必要だ。それによって共に緊張感を保ち、監査・監督機能を充実させることが可能になるものと思う。

(経済　2015年12月15日)

片仮名のコード

日本企業の稼ぐ力を取り戻すための施策として、機関投資家に投資先の企業との対話を促すスチュワードシップ・コードに加え、株主と向き合うように企業を規律付けるコーポレートガバナンス・コードの制定・適用が進められてきた。そして、不正会計に対する会計監査の在り方について議論を進めてきた金融庁の懇談会、自民党金融調査会・企業会計に関する小委員会では、監査法人のマネジメント強化の柱として、監査法人のガバナンス・コードの策定を求めている。

市場を取り巻く環境が激変する中では、法律や規則、政省令による厳格かつ画一的な規制では対応しきれない。企業などの自主性を尊重しつつも、コードという形で遵守《じゅんしゅ》すべき大本の考えを示し、コード遵守の程度を具体的に説明することを求める。このような思想は、詳細な規定を盛り込んで個々の企業を拘束するルールベースに対比して、プリンシプルベース（原則主義）であると称している。

しかし、ここで問題なのは、「コード」という日本語の意味合いがあいまいであり、コードに準拠しない場合に求められる「説明」の意味が正しく理解されていないことだ。

公式行事の場などでの服装の基準やマナーを指すドレスコードの例もあるが、コードという語は極めて強い規範性を有している。つまり、同じ環境に身を置く者にとっては、法的拘束力はないものの、よほどの事情がない限り、遵守が強く求められていることを肝に銘ずべきである。

さらに悩ましい問題は、社会の規律を論じる際、片仮名表記の外来語があまりにも横行していることだ。本来の意味を理解せず、誤った考えが独り歩きしかねない。

（経済　2016年3月16日）

引き際の美学

日本の春の訪れを告げる桜花は、多くの人を魅了してやまない。その魅力の一つが、つぼみがほころんで開花し、満開を迎えたかと思うと、たちどころに散ってしまうはかなさ。桜を通して足るを知り、謙虚に、そして晩節を汚さずに生き抜く潔さに、大きな価値を見いだす者も多いのではないだろうか。

しかし、現実は思い通りにいかないのが常である。若い時には確固たる信念を持って決断できた人が、年を経るにしたがって決断が鈍り、あるいは朝令暮改のごとく、考えがくるくると変わってしまうような場面に接することも多い。

加えて、過去の成功体験や歩んできた輝かしい足跡の呪縛から逃れられずに、「まだまだ大丈夫」「自分がいなくては」と、後進に道を譲ることができない成功者も多い。特に、創業者や中興の祖と称されるようなカリスマ的な経営者にとって、最大の課題は後継者問題にあるといっても過言ではない。

今般、社会の耳目を集めたセブン&アイ・ホールディングスの子会社社長の人事問題は、こうした長老支配を阻止したことで、公開会社としてのコーポレートガバナンス（企業統治）が機能したとみる向きもある。

しかし、実際には指名・報酬委員会での議論が煮詰まらないままに取締役会に提出された議案が否決されたということであり、多くの課題を残した事案といえる。特定の権力者の暴走を食い止めたのは、皮肉にも事前に情報が漏れ、メディアの力が働いた結果と捉えられるからである。

桜の花とは違い、自分の判断で一線から身を引くことの困難さを改めて感じる。やはり、引き際の美学は言うは易く行うは難し、であろうか。

（経済　2016年4月21日）

指名委員会の役割

最近、コーポレートガバナンス（企業統治）強化の一環として、社外取締役ら外部の眼と声をもっと経営に反映させるべきだとの論調が多く見られる。そして、従来さほど重視されてこなかった指名委員会が、企業の将来を左右する重要な人事案件に対して、もの申す事案を目にするようになった。

セブン&アイ・ホールディングスの後継社長人事では、任意の諮問機関として立ち上げられた指名・報酬委員会で社内取締役と社外取締役の意見が分かれ、最終的には社外取締役らが主張した人事案が取締役会で採択された。不正会計に揺れた東芝では、社外取締役5人から成る指名委員会が主導して、新生東芝を担うにふさわしいとされる後継社長を選出したという。さらに、セコムでは急きょ設置された非公表の指名・報酬委員会での議論を経て、現職の会長と社長の2人を解職した。

わが国の場合、監査役設置会社から指名委員会等設置会社への移行には、経営執行サイドから強い反対と疑念が発せられてきた。変革激しい環境下において、会社の業務全般に関する専門知識や社内事情に精通していない外部の人間が、後継の経営者を的確に選任するのは困難であるばかりか無責任であり、社員のモチベーションの低下につながるというのである。

ここにきて、現職社長の首を取るために指名委員会が利用されているのではないかと疑いたくなる側面もあり、その運用には疑念を抱かざるを得ない。指名委員会の基本的役割は、透明性と正当性を確保した選解任プロセスの下、十分な情報と将来ビジョンを踏まえて適任者を取締役会に提案することだ。派手なパフォーマンスはかえって信頼をそぐだけである。

（経済　２０１６年5月19日）

創業家の反乱と市場の論理

このところ、創業家がからむ上場会社の内紛が続いている。

経営方針の違いで創業者が別の会社を設立した大塚家具、子会社トップ人事の意見相違で会長が退任したセブン＆アイ・ホールディングス、会長・社長が解職されたセコム、合併をめぐって紛糾している出光興産などだ。原因は様々だが、大株主である創業家が、自らの意に反する経営に懸念を抱き、経営サイドに異を唱えたという構図は共通している。

一度は後継候補を決めながら、株主総会開催直前になって社長が続投を宣言したソフトバンクグループの場合も、同様の視点からとらえることができる。創業者にとって、手塩にかけて育ててきた会社は、まさにわが子であり、創業の精神と異なる理念や価値観はなかなか受け入れがたいものだ。

こういった対立の背景には、2015年に導入されたコーポレートガバナンス・コード（企業統治指針）への遵守《じゅんしゅ》要請がある。上場企業は持続的な成長と中長期的な企業価値を向上させるために、株主以外のステークホルダー（利害関係者）の立場も尊重することが強く求められるようになった。市場のグローバル化で統一基準やルールが増え、それに従うことも強く要請される。

創業家の反乱は、創業家の思いとグローバル市場の論理とのはざまで生じた、まさに根本的な経営課題なのである。

しかし、上場会社である限り、すべてのステークホルダーとの関わりの中で企業責任を果たすことが不可欠であり、創業家といえども市場の論理に逆らうことは困難である。それが納得できないのであれば、今からでも上場会社からの撤退という道筋を真剣に考えることが必要かもしれない。

（経済　２０１６年７月21日）

小池都政が目指すべき道

「都民ファースト」をスローガンに掲げる小池都政は船出から荒波にもまれている。とりわけ、石原都政の置き土産とされる築地市場の豊洲移転に関しては、移転決定のプロセスの不透明性、その後の土壌汚染対策に対する不誠実かつ無責任な対応で混迷の度を深めている。

こうした巨大施設の建設には巨額の資金が投入され、利権の巣窟になりかねないため、決定プロセスを透明性のある形で開示することが不可欠である。しかし、豊洲移転はそうしたプロセスがないがしろにされているばかりか、意思決定の責任者すら明確になっていない。

組織とは、トップに立つ者が十分な情報を得て的確な意思決定を行い、それについて十分な説明責任を履行しなくてはならない。今、東京都が直面している課題は、信頼に値しない組織であると烙印《らくいん》を押されたことなのである。

小池都知事が示した対策の一つは、まず組織の自浄能力を確認するために、自己点検を行って真実な情報を得ることであった。しかし、東京都の場合、すでに統治能力を欠いているようであり、既存の仕組みや手続きで真相を解明することは困難である。

これが一般の企業ならどうすればいいのか。2015年から上場会社に適用されたコーポレートガバナンス・コードの考え方がヒントになる。つまり、指針に基づき企業は規律ある健全な運営を目指さなければならないのと同様、地方自治体も健全な活動を担保するための指針として、自治体ガバナンス・コードといった行動規範を策定し、その遵守《じゅんしゅ》を求めるということである。

東京都の課題克服には、企業の取り組みが大いに参考になるのではないか。

（経済　2016年10月1日）

巨額賠償命令の教訓

2011年に発覚したオリンパスの粉飾決算に伴う訴訟で、東京地裁は会社に損害を与えたとして旧経営陣に対し、総額約590億円という巨額の賠償支払いを命じた。訴訟では、長年にわたる巨額の損失隠しとともに、その事実を告発した英国人社長を不当に解任したということも厳しく問われ、当時の取締役だけでなく監査役の責任が追及された。

巨額の賠償支払いで思い起こすのは、旧大和銀行（現りそな銀行）ニューヨーク支店の巨額損失をめぐる2000年大阪地裁判決の約830億円（二審で和解、2億5千万円）。取締役は会社のリスク管理体制を整備・構築し、それを監視する義務があるとの判断が示された。

こうした考えは、その後の商法及び会社法の規定にも盛られ、有効な内部統制システムを整備・運用する責任が経営陣にあるという理解が広く浸透してきた。加えて06年制定の金融商品取引法でも、財務報告の信頼性確保のため、上場企業に対して内部統制報告制度が導入され、会計監査人による内部統制監査も要求されている。

内部統制で重要なのは「統制環境」だ。誠実性及び倫理観のある組織風土がつくれるかどうかは、経営理念、経営哲学あるいは経営方針に示される経営者の姿勢次第である。同時に重要なのは、組織内に真実の情報が適時適切に伝達できる状況を確保することである。

今般のオリンパス経営陣への賠償命令は、健全な経営に不可欠の内部統制システムの整備・運用にまったく意を払ってこなかったことに対して、経営陣が大きなツケを払わされた格好だ。企業経営者は今般の判決を対岸の火事と捉えるのではなく、自らの教訓とすべきであろう。

（経済　2017年6月3日）

社外役員の独立性

株主総会において社外役員の独立性に疑念があるとして、株主サイドから反対意見が発せられた事案が複数報告されている。中でも、社外役員に就任する公認会計士に対して、以前に所属した監査法人が担当する企業であることから、その独立性に疑念が発せられた事案は深刻である。

独立性の判断基準は東京証券取引所が実務上の留意事項を示している。「一般株主と利益相反が生ずる恐れがない者」は実質的に判断することが必要で、経営陣から著しいコントロールを受け得る者や、経営陣に対して著しいコントロールを及ぼし得る者は、独立役員の要件を満たしていないとする。

社外役員は株主やステークホルダー（利害関係者）の利益を守るために経営の執行を監視・監督を行うので、立場的にも独立していなければならない。

参考になるのが監査人の独立性要件だ。投資者、ひいては公共の利益を保護する役割を担う監査人の場合、精神的独立性と外見的独立性の両方を維持することが求められる。

精神的独立性とは、いかなる圧力や誘惑にも屈することなく、職業専門家としての公正な判断を要求するものである。一方、外見的独立性とは、身分的にも経済的にも、監査対象の業務や経営主体と関係を持たず、イメージとして独立性を希薄化させるような状況も排除しなくてはならない。

監査人の独立性要件を堅持してきた当人が、社外役員としての独立性問題で疑念を与えている事案は、制度上の課題として早急に検討を行うことが求められる。

独立性判断の究極は「疑わしきは避ける」。企業もあえて疑念が生じる選任案を上程せず、慎重に対応すべきであろう。


（経済　２０１７年7月21日）

失敗から学ばない経営

ものづくり企業において不祥事が無くならない。

日産自動車の不祥事で思い起こすのは、2003年のトヨタ自動車社員による整備士国家試験問題の漏洩《ろうえい》だ。「日産より合格実績が悪かった」ことが背景にあったと同社は説明していた。日産はこれを誇りに、さらに質の高い技術者養成に邁進《まいしん》すべきだったのである。しかし、無資格の従業員が完成車検査を行っていたことで、出荷停止という前代未聞の事態に発展した。

一方、神戸製鋼所の場合、アルミ・銅製品などの強度を示す検査データなどを改ざんし、基準に適合しない製品を長年にわたり出荷していた。安心安全を旨とする航空機や新幹線、ロケット製造にも使用され、社会的な影響は計り知れない。

同社は1999年に総会屋への利益供与が発覚、取締役らが株主代表訴訟の対象となった。和解で神戸地裁は異例の所見を公表、企業トップの内部統制システム構築義務を明示した。しかし、その後も基準値を超えるばい煙排出とデータ改ざん（2006年）、子会社の鋼材のデータ偽造（２００８年）、政治資金規正法違反（２００９年）、グループ会社のばね用ステンレス鋼線の強度偽装（２０１６年）と、内部統制システムが全く機能していない状況が示されていた。

歴史ある製造業でコンプライアンス違反が続出するのは、国の信用をも失墜させる重大な問題といわざるを得ない。製造現場の技術力低下、品質管理の力量不足が根底にあるのではないか。

自社のみならず、他社での失敗事例を謙虚に受け止めて教訓にすることが不可欠である。しかし、どうも、肝心の経営サイドにこうした失敗から学ぶ姿勢が希薄になっているようなのだ。

（経済　２０１７年10月28日）

経営者に伝えたいこと

２０１７年は、日本経済の指標でもある日経平均株価が、バブル崩壊以来の最高値を付けたとの明るいニュースもあったが、老舗著名企業の不祥事も相次いだ。

日産自動車やスバルの無資格検査だけでなく、素材メーカーの神戸製鋼所グループ、三菱マテリアル子会社、東レ子会社の品質不正は、日本の製造業に対する信頼を大きく失墜させている。中でも経団連会長の出身母体、東レの子会社での品質データ改ざんは、日本企業全体に商道徳の軽視や市場規律の緩みがあるのではないかと疑われる事態となっている。

しかも、ほとんどの企業が不祥事発覚後も公表を遅らせてきた。由々しきことである。東レの社長は1年前に報告を受けながら、安全上の問題がないと考えて、公表するつもりはなかったとさえ答えている。顧客への説明と安全確認を行うことで事足りると考えていたようだ。昔なら業界仲間の手打ちで事なきを得たのかもしれないが、社会の意識や環境は全く変わった。いまだに社会的な責任を認識できていない経営者がいることに驚く。

企業の評価や信頼性は、社会に対して正直に説明責任を果たすことから始まる。素材メーカーの場合は川下の最終消費者の安心・安全まで配慮することが不可欠である。情報化社会の進展で、不祥事を知った者がSNSでつぶやいたり、ネット掲示板に書き込んだりして、事実が白日の下にさらされることは日常茶飯事なのである。

経営者にいま一度伝えたい。どんな組織でも不正は起きうるものであること、そして悪い情報は必ず漏れるということである。経営者は従業員のかがみであり、率先して襟を正す姿勢を社会に示す必要がある。

（経済　2017年12月28日）

監事はガバナンスの番人だ

21世紀初頭、米国ではエンロン社に始まり公開会社の経営者不正が相次いで明らかになった。その時、問われたのは「取締役はどこにいたのか?」。独立の社外取締役による業務執行者の監視・監督が十分でなかった、と批判されたのであった。

日本の場合、株式会社でこの職責を担うのは監査役ないしは監査等委員である。そもそも監査役は執行業務を担うものの監視・監督が主たる任務で、健全な企業経営の推進を図るためのガバナンスの番人である。

非営利的な法人や組織では、「監事」にこの役割が与えられている。財団法人、社団法人、独立行政法人、学校法人だけでなく、マンションの管理組合などでも監事が選任されている。職責が会計監査に限られる場合もあるが、原則は監査役に準じて理事の職務の執行を監査する。とりわけ公益性の高い財団や社団には別途、会計監査人が選任されており、監事の職務は業務監査が中心になる。

今般、世間をにぎわしている公益財団法人日本相撲協会は貴乃花理事の解任を決議したが、複数いる監事は全理事の職務執行の状況について、善管注意義務をもって監査していたのであろうか。監事は理事に何らかの問題があれば、それを防止する役割も担っており、評議員会の招集手続きの相当性も監査する。理事解任決議の時、評議員会は外部評議員2人が欠席したまま進められたという。

監事は評議員会でどんな対応をしたのか。まさに、「監事はどこにいたのか」と問われかねない。

企業のガバナンスがことさら強調されている昨今、非営利組織の監事はガバナンスの番人としての役割を果たすことが強く期待されている。

（経済　2018年1月27日）

ゼロ・トレランスの視点

財務省を始め、あらゆる組織、団体及び機関で不正や不祥事が後を絶たない。不祥事が発覚した時の対応で最悪なのは責任ある立場の者に危機意識が希薄で、事実を認識しないことだ。財務省の決裁文書改ざんでは、大臣自ら「改ざんとか、そういった悪質なものではない」と発言、後に認める羽目になった。かつてメニューの偽装表示で批判を受けたホテル経営者も「偽装ではなく誤表示」と強調、後に偽装を認めて辞任した。

いずれも、法的な責任が問われる行為ではない、と言いたかったのであろう。しかし、表示内容が真実なものであると不特定多数の関係者をだましていることに変わりはない。どんなに小さな嘘であっても決して許されないことに留意しなければならない。

不正を防止・抑止するためには「ゼロ・トレランス」という視点を持つことが不可欠である。これは「不寛容」という意味で、わかりやすく言えば「毅然たる姿勢・態度をとること」、あるいは「一切容認しないという方針を持つこと」。つまり、少額の着服は容赦するが巨額の横領は許さないといった具合に、不正自体に差をつけることは許されないということだ。

実際には、不正の内容・悪質さの程度などにより、責任に軽重が生じるのも事実だ。しかし、公正で公平な社会を支えるためには、一切の不正を容赦しないということを、トップ自ら全ての関係者に宣言し、実践することが重要だ。

組織内の不祥事の一つであるパワハラやセクハラについても、同様の視点が求められる。この程度なら目をつぶってもらえるとの安易な気持ちが、より深刻な問題に発展してしまう事例を、我々はいっぱい知っているからである。


（経済　2018年6月19日）

大学理事長の専横と改革

疑惑の多い獣医学部新設を巡って後手に回る学校法人加計《かけ》学園理事長の対応、レスリング部監督のパワハラ問題発覚時の至学館大学理事長兼学長による独善的な対応、そして、アメフト部の悪質タックル問題での日本大学理事長らの稚拙な対応など、大学理事長の適格性が問われる事案が続発している。

東京医科大学を巡っては、文部科学省のエリート官僚を巻き込んだ汚職事件に発展し、理事長と学長が辞任した。最高学府とされる大学において、質の高い研究と教育を支える大学執行部の脆弱《ぜいじゃく》な態勢が一気に露呈した形だ。

こうしたリスクを事前に防止し、あるいは速やかに是正策を講じることを学ぶ危機管理学部が、日大と加計学園系列の2大学にしかないという事実は、皮肉としか言いようがない。危機管理学部の教員が英知を結集して危機管理の活きた見本を示すべきだった。

日本の大学は独善的な学部教授会、閉鎖的な教職員組合などが壁となって、迅速な改革の手を打てないと言われて久しい。しかし、大学は公的な補助金を受領し、少子化に向けた経営改革も求められている。自治を守るといった錦の御旗のもと、改革を遅らせることは破綻《はたん》につながりかねない。

一連の不祥事は教育内容に関わる問題ではなく、課外活動ないしは大学執行部のガバナンス上の問題といえる。大学は公開企業と同様、社会の公器であり、企業不祥事の対応に真摯《しんし》に学ぶべきだろう。

理事長の専横を食い止め、上場企業並みの厳格なガバナンスを実践するためには、監視役の評議員は当然ながら、執行を担う理事も過半数を外部の独立・公正な倫理観の高い人材を充てるといった大改革の断行が喫緊の課題である。

（経済　2018年7月18日）

ノブレス・オブリージュ

恒例の今年の漢字は「災」が選ばれた。自然災害が相次ぎ、スポーツ界や企業で「人災」とも言える様々な不祥事が多発した年でもあった。

特に市場の信頼を失墜させるような企業の不祥事については、これまでも、有効な内部統制システムの整備・運用を通じて、防止・抑止が図られてきたはずだった。加えて上場企業に対しては、コーポレートガバナンス・コード（企業統治指針）遵守《じゅんしゅ》状況の開示を通じ、健全な経営を推進することが期待されている。

とりわけ企業の持続的な繁栄を目指して、舵《かじ》取りを担う経営者には、社会的にも重責が課せられている。しかし、こうした取り組みにもかかわらず、著名企業でも相変わらず不祥事が無くならないのも事実である。

不祥事の原因は、様々な理由が指摘されているが、結局のところ、経営トップの姿勢や倫理観に大きく影響を受けていると思われる。家庭で「親の背を見て子は育つ」と言われるのと同様、企業の場合「従業員はトップの後ろ姿を見ている」と言われている。企業の統制環境の中核として、従業員の模範となるべき経営者の姿勢や倫理観があり、それが全社的に浸透していることが極めて大切だとされているからである。

組織内での最大の権限を有し、社会的に広範な使命を有する経営者の場合、それに見合った高いレベルの責務が伴う。これこそがノブレス・オブリージュ（高貴な者の義務）であり、その精神を実践することが強く求められる。近年多発している不祥事を見ると、トップの矜持《きょうじ》や品格に見劣りする場合が散見される。その点で日産のゴーン容疑者の逮捕事件は、全ての経営者に対しての警鐘と受け取られるべきであろう。

（経済　２０１８年12月29日）

虚偽データ利用の大罪

　この国はどうなってしまったのだろうか。国は情報やデータ（エビデンス）に基づく政策の企画立案「ＥＢＰＭ」を推進している。政策の有効性を高め、国民の行政への信頼確保のためにも、客観的なデータに基づく合理的な根拠が重要なのである。

　そうした取り組みに水を差すこととなったのが、今回発覚した厚生労働省の「毎月勤労統計」での長年にわたる不適切な調査である。これは国の政策の根幹を揺るがす前代未聞の不祥事である。この統計数値は、雇用や労災などの保険給付額算定の基礎であるばかりか、政府が景気情勢を把握し、政策を判断する際の基礎となる「基幹統計」の一つでもあり、極めて重要な統計数値である。

　厚労省は２０１８年にも、働き方改革関連法案を巡って、裁量労働制に関する調査データに「異常値」が次々と見つかった。２００７年には「消えた年金」問題が発覚し、厳しい批判にさらされた。

そもそも厚労省は、一般会計のほぼ3分の1に当たる30兆円を超す予算を執行する、極めて肥大化した組織となっている。そのため、組織全体のガバナンス（組織統治）の希薄化や国民目線に見合ったこまやかな行政にはそぐわない無責任体質が蔓延《まんえん》しているのではないか。この際、厚労省の解体的出直しを含め、これまでのすべての不適切行為の真因を明らかにして、透明性の高い組織に分割・再編することも検討すべきである。

ただ、こうした情報やデータの捏造《ねつぞう》や改ざん、さらには不当な廃棄などがなされた例は、厚労省だけではない。虚偽のデータの利用や公表が、その後、いかに大きな代償を国民に負わせているかを思えば、その罪の大きさは計り知れないのである。

（経済　2019年1月31日）

社外取締役増員の前提

先般出席した指名委員会等設置会社の株主総会で、ある個人株主から驚くべき発言があった。壇上の11人の取締役のうち7人の社外取締役を指して、「社外の人間が多すぎる。会社の実情に疎い社外取締役は、1、2人でよい」と。これに対し、取締役会議長を務める社外取締役は、これが指名委員会等設置会社として求められている理想形に近いものとの認識がないようで、明確な回答ができなかった。

複数ある株式会社の機関設計の違いを理解していない株主は多くいるが、社外取締役や社外監査役にも、自身の置かれている立場や役割、責任を正しく理解できていない者が多い。

アスクルの取締役選任議案で親会社のヤフーは、社長のほか3人の独立社外取締役の再任に反対する議決権行使をした。これに対して、アスクルの独立役員会は「企業統治を蹂躙《じゅうりん》した議決権行使を深く憂慮する声明」を出した。しかし、こうした悲劇的な状況に陥るまでに、社外役員は必要な情報を適時に的確に入手し得ていたのかははなはだ疑問が残る。

社外役員が本来の役割を履行するには、その大前提として、経営の根幹にかかわる重要なリスク情報を、漏れなく適時に入手しうる状況が担保されなくてはならない。さらに社外役員自身が、常に情報と伝達の仕組みやプロセスの有効性をモニタリングすることが不可欠である。

昨今の企業統治の議論では、社外取締役の増員といった形式論ばかりが先行し、実質的な役割の遂行に不可欠な内部統制の整備・運用の議論がなおざりにされている。加えて社外役員自身が、そうした問題への認識に疎く、リスクが顕在化してから右往左往するが、そんな姿は誰も見たくない。

（経済　2019年8月30日）

指名委員会の説明責任

上場会社に対する「コーポレートガバナンス・コード」では、監査役会設置会社と監査等委員会設置会社に対しても、独立社外取締役を中心とした任意の指名委員会や報酬委員会などの諮問委員会の設置を推奨している。

しかしわが国では、後任を指名する人事権こそ社長や最高経営責任者（ＣＥＯ）の権力の源泉であるとの意識が強く、社外の人間に委ねることには強い抵抗感がある。そのため指名委員会の構成員に社長らが加わり、絶大な影響力を及ぼす場合も多く、単なるお飾りに過ぎない事例も散見される。

上場会社の場合、特定の個人に権力を集中させずに実効性の高い経営の監督を実現するために、独立社外取締役を活用すべきだとされる。しかし、社長やＣＥＯを透明なプロセスを経て選任・解任するには、人事に関して十分な情報を得るとともに、必要かつ十分な時間をかけて慎重に判断する必要がある。

つまり、会社の命運すら左右するトップの人事については、単に独立社外取締役で構成する指名委員会を設置すればよいというのではなく、資質や適格性があることを見定めて後継者指名することが不可欠である。従って、選任はもちろん解任する場合にも、すべてのステークホルダーに対して説明責任を果たすことが求められる。

日産社長兼ＣＥＯを辞任した西川広人氏の場合、カルロス・ゴーン氏の下で十分な監督機能を発揮できず、経営トップの適格性に疑問符が付されていた。そうした不信感を払拭《ふっしょく》できないまま、その後も同氏を容認してきた指名委員会の責任は極めて大きい。納得のいく説明責任も果たしていないため、およそ実効性のある委員会とは言えないだろう。

（経済　２０１９年９月28日）

ガバナンス不全の典型例

企業の不正や不祥事が無くならない。こうした状況を払拭《ふっしょく》するため、各種の関連法規などでは、内部統制システムの整備と運用を義務付けてきている。しかし実際には、業務の枝葉末節に関わる不備や課題に目が奪われ、煩雑な業務や無意味な手続きなどを課すことが内部統制対応と誤解している向きがある。そのため効率を低下させ、現場の士気さえもそいでしまっている。

内部統制とは、あくまでも経営トップの主導の下、より効率的かつ効果的に事業活動を推進するための仕組みやプロセスである。従って、組織が一丸となり、より良い会社を作り上げるために、経営トップは全社的な視点で課題や問題点を把握するだけでなく、率先して正しい行動をとらなくてはならない。

その点、かんぽ生命保険の不適切販売問題を巡る日本郵政グループの経営トップは「下から情報が上がってこないことには話が始まらない」と、自身の責任を回避している。こうした発言自体、健全なガバナンス（統治）の中核をなす内部統制が全く機能していないことを示すものであり、経営責任が問われるべき事案といえる。

一方、関西電力の役員らによる長期間の巨額金品受領問題は、異常な慣行が放置、隠蔽《いんぺい》され続けてきたにもかかわらず、その異常さに誰一人声を上げなかったことに驚愕《きょうがく》を覚える。原発事業は社会の全面的な信頼と理解を得ることが不可欠であり、それ無くしては事業の存続さえ危ぶまれる。一連の贈答行為が長期間にわたり上層部に引き継がれてきたこと自体、まともな内部統制が整備、運用されていなかったことの証左といえる。

二つの事案は、前時代的なガバナンス不全の典型を目の当たりにする感がある。

（経済　２０１９年10月30日）

第三者委員会に独立性はあるか？監査法人による監査を参考にすべき

ここ数年、東芝、神戸製鋼所、日産自動車、関西電力といった日本を代表する企業、厚生労働省という中央官庁まで、不正の連鎖が止まらない。組織の不祥事が世間に知れると、自分たちでの検証もせず、直ちに外部有識者などによる「第三者委員会」が組織されるのも恒例となった。その設置の目的は、不正の原因を突き止め、責任の所在を明らかにし、再発防止策を提言すること、というのが一般の受けとめだ。では、彼らはそうした負託に応えているのか？残念ながら「ほとんどにおいてノー」と言わざるを得ない。真相究明どころか、責任も曖昧なままの報告書をまとめて一件落着を図る、問題組織にとっての〝禊のツール〟になり果てている、という由々しき実態があるのだ。

〝第三者〟を謳う以上、問題を起こした組織からは完全な独立性を有していなくてはならない。にもかかわらず、例えば厚労省の「毎月勤労統計」が15年近くにわたって歪められていた事案の「特別監察委員会」の委員長には、同省から年間23億円の助成金をもらっている独法の理事長が、堂々と〝指名〟された。案の定、その報告書は、「組織的隠蔽とは？・」を自ら定義したうえで、「それはなかった」と結論付ける出鱈目さが、世間の失笑を買う。だが、笑ってばかりはいられない。おかげで肝心の事件の真因、責任問題は曖昧なまま、今日まで放置されることになったのだから。同委員会は決して例外ではなく、独立性を疑う第三者委員会は、山ほどある。

該当案件に切り込める〝専門性〟も不可欠のはずだが、やはり「異議あり」のケースが少なくない。そもそも私がこの問題に関心を抱くことになったのは、あまた発生する会計不正に関する第三者委員会に、会計の専門家である会計士の姿が見えず、大半が弁護士で占められている実情に、強い違和感を覚えたからである。

考えてみれば、「依頼主から報酬を受け取り、依頼主を調査する」という点で、第三者委員会の活動は、監査法人による監査に似ている。監査人は、述べたような独立性、中立性、専門性、さらには倫理性、透明性を具備していることが必須である。

その生命線である独立性は、①外観的独立性（経済的独立、身分的独立、さらにはイメージとしての独立）と、②精神的独立性（公正不偏の判断の独立）からなる。厚労省の例でも明らかなように、第三者委員会の設置に際して、こうした資質が確保される保証はない。

監査に関しては、その報酬を開示することで独立性、透明性を高めようとしている。しかし、これまで第三者委員会に対する報酬が公表された事例を、私は知らない。事案によっては数十億円とも目される〝企業負担〟の中身がまったく非公開なのも、極めて問題だ。そうした〝不透明なままのカネ〟を受け取っている委員会が、本当に依頼主の不正を明らかにできるのか、という根源的な疑問もわく。

必要に応じ、説明責任を果たすために第三者委員会を設置すること自体に、反対はしない。だが、それを名乗る資格があるのは、すでに述べたような監査に準じる要件を厳格に満たすものに限られるはずだ。

第三者委員会の現状をただし、その社会的信用を高めることを目的に、２０１４年４月に「第三者委員会報告書格付け委員会」（委員長＝久保利英明弁護士）ができ、私も加わっている。格付け結果はネットに公開しているので、ご覧になって、まずはその実情を知ってほしい。

（ＡＭ　２０２０年１月１日）

ゴーン has gone

2020年、年明け直後の最大のニュースは、なんといってもカルロス・ゴーン被告の不当な海外逃亡事件である。まさにゴーン被告は「いなくなった」のである。

レバノンに逃亡後のゴーン被告は日本の司法制度批判だけでなく、ほとんどすべての被疑事実に対して無実を主張している。確かに現時点では有罪が確定しているわけではない。悔やまれるのは、世界的にも高名かつ有能な経営者と評されていた人物でありながら、これからの人生は、逃亡によって国際指名手配を受けた「ならず者」の烙印《らくいん》が押されたまま生きていかなくてはならないことである。

一連の事件を振り返ると、法治国家としてのわが国の司法制度、市場経済の仕組み、さらには国全体のセキュリティー対策の在り様について、十分な見直しを行うことが求められる。中でもゴーン被告逮捕の最初の容疑となった、有価証券報告書における役員報酬の個別開示の過少記載については、必ずしも正しい理解がなされているとは言い難い。これは単なる形式犯に過ぎず、そのことで名経営者を逮捕することは容認しがたいという意見も多く見られる。

わが国の場合、制度導入の趣旨として、1億円以上の高額報酬の個別開示は、米国のような巨額報酬の支払いを抑止するための方策として導入されたものではない。それは数字を主体とした財務情報に加えて、企業のガバナンスが透明性ある形で機能していることを知るための重要な記述情報と位置付けられているのである。その意味からして、複数年にわたって自身の報酬額について虚偽の開示を継続してきた責任は重く、ゆめゆめ軽んじられるレベルの罪ではないということである。

（経済　2020年2月1日）

ＢＣＰ策定は万全か

中国・武漢市発の新型ウイルスの影響は世界各地に及び、わが国でも日常生活での混乱のみならず、企業活動にも大きな影響をもたらしてきている。マスクやアルコール消毒液が品切れ状態のため外出を避ける人も多く、旅行関係だけでなく飲食店でも売り上げが減少している。特に、インバウンドの主役である中国からの旅行者は激減しており、旅行関連事業のすべてにおいて大幅な減収を強いられている。

今回の事案から学ぶべきことは、事業継続計画（ＢＣＰ）の策定の重要性である。ＢＣＰは、予期せぬ災害や種々の緊急事態などが発生した時に損失を最低限に抑えるとともに、重要な業務を継続させるための方策である。

災害立国といわれるわが国の場合、地震や津波、あるいは台風や水害などの自然災害によって、生活のみならず人命さえも失ってしまうことを経験してきている。そのため、こうした災害に対する教訓は得ているものの、ウイルス感染の被害については、十分な備えができていたとは言えない。つまり、多くの企業が策定しているＢＣＰは、国内で発生した災害などに対処するためであり、海外での動向までも包含したものではない。

２００２年に発生したＳＡＲＳの場合は、幸いわが国では発症例もなく、ほぼ半年で終息した。それに対して今回は、感染はいぜん拡大し続け、死亡者が出る事態となっている。また中国での事業活動が停止し、主要なサプライチェーンが止まってしまった。グローバル化が進むわが国企業活動の場合、地球規模でのＢＣＰを策定することが不可欠である。それは今後、環境問題に対しても、いかに取り組んでいくかを考える貴重な機会にすべきである。

（経済　２０２０年2月28日）

信託銀行の大罪

三井住友信託銀行とみずほ信託銀行において、株主総会の議決権行使書の集計で違法とも捉えられる集計誤りが発覚した。子会社に委託した集計作業で、総会が集中する3月、6月の繁忙期に、郵便局との間で配達方法を調整して1日早く行使書を受け取って集計し、期限最終日の到着分は集計から除外していたのである。それが現場の長年の慣習であり、関係者が当たり前と考えていたというから開いた口が塞がらない。それも、三井住友信託では20年前から、みずほ信託も10年前から続けられていた。影響は上場会社の3分の1の1300社超に及んでおり、市場の信頼は大きく失墜した。

「コーポレートガバナンス・コード」では、株主の権利と、株主の実質的な平等性の確保を基本原則として規定している。株主総会は会社の最高意思決定機関であり、総会において株主が行使する議決権の有する意味は極めて重い。そのため、集計作業にも最大の注意が図られてしかるべきである。

信託銀行は、銀行業務や信託業務のほか、企業の株主名簿の管理及び証券代行の業務といった、まさに資本市場のインフラを支える重要な業務を担っている。しかし、今般発覚した議決権行使の扱いでのずさんな対応を放置してきた信託銀行の場合、もはや健全な資本市場の一端を担う資格は全くないと言わざるを得ない。

わが国の場合、安定株主を擁していて平穏に総会を乗り切れるため、少数株主軽視の風潮が染みついていたのではないか。その点、今般発覚の不祥事が、物言う株主からの問い掛けにあったということは皮肉なことであるが、この際全ての市場関係者は謙虚に足元を見つめ直すべきである。

（経済　2020年10月3日）

ガバナンスの危機

コーポレートガバナンス・コード（企業統治指針）は２０２１年に、2度目の改訂がなされた。取締役会の機能強化が挙げられており、独立社外取締役の複数名の選任などを規定した。経営の執行と監視・監督を分離し、独立した客観的な立場から、経営陣及び取締役に対する実効性の高い監督を行うためだ。こうした要請に最も適する株式会社の機関設計が、指名委員会等設置会社と解されている。

しかし、２０２１年に入って市場の信頼を失墜させる企業不祥事を引き起こした名門企業、みずほフィナンシャルグループ、東芝そして三菱電機は、皮肉にも、みな指名委員会等設置会社だった。東証上場の約３７００社のうち、この指名委員会等設置会社はいまだ80社弱にとどまっており、その代表格の会社での不祥事なのである。

みずほでは、過去にも複数回システム障害を起こしたことで、一定の再発防止策も講じられていたはず。しかし、２０２１年2月からの2週間の間に4回もシステム障害が起きた。東芝では、２０２０年の株主総会が公正に行われなかったことの調査に関して、なんと社外取締役が経営サイドを忖度《そんたく》して、リスク情報を取締役会に上げていなかった。三菱電機では、長年にわたる検査不正が発覚した。共通するのは、部門間での縦割り組織と事なかれ主義の蔓延《まんえん》だ。リスク情報が共有されず、取締役会でもリスク感度の鈍さが際立っている。まさに、ガバナンス不全の典型的な事案といえる。

こうした現実を直視せずに、単に取締役会の機能強化をうたっても、それこそ絵に描いた餅に過ぎない。ガバナンスの危機からの脱出には、社外取締役の責任を厳しく追及することも一考に値しよう。

（経済　２０２１年７月16日）

品質管理の肝は職業倫理

日本企業のお家芸として世界から称賛を得てきた、製品・製造物の品質の高さに陰りが見えている。近時の三菱電機、京セラ、東洋紡、日立金属などの著名企業による品質検査を巡る不正は後を絶たず、日本のものづくり産業全体の信用失墜を惹起《じゃっき》しかねない。

「品質管理（ＱＣ）」は、「経営管理方法の一つ。製品の品質の安定化および向上を図ること」（広辞苑）と解されている。しかし今日、企業などが提供する役務（サービス）の質の管理と保証を包含して捉えることが不可欠である。例えば、製薬・医療業界でのＱＣや「医療の質」、各種の教育機関の「教育の質」、さらには、会計監査業界での「監査の質」など、極めて専門性の高い領域の業務に関しても、「質の保証」が喫緊の課題となっている。

その際、厳格な品質管理の体制や仕組みが整っているだけでは意味がない。不祥事企業のほとんどは、詳細な品質基準や検査体制を整えていたはずだからである。実際には、達成困難な高度な品質基準や、経済効率性や納期のプレッシャーから、現場ではルールから逸脱した製造や検査を常態化させていたことが顕在化している。

信頼しうる品質保証を成し遂げるためには、現場に関わる全ての関係者が、品質管理の意味を体得し、自身が関わる作業や業務に責任と誇りを持つ必要がある。そのために、職業人として気概ある職業倫理を保持し、かつ常に発揮し続けることが極めて重要となる。まさに「倫理なき品質管理は寝言」と称しても過言でない。恥の文化にも通じる倫理に根差した思考が欠落しているところに、今日の品質不正の根源があるのではないか。

（経済　2021年8月17日）

新たなガバナンス・コードを、〝画餅〟に終わらせないために

2021年6月、上場企業の行動規範である「コーポレートガバナンス・コード（企業統治指針）」が、3年ぶりに改訂された。2回目の改訂となる今回の最大のミッションは、取締役会の機能発揮、その促進のための独立社外取締役の〝増員〟だ。

これは、2022年4月に実施される東京証券取引所の市場改革の布石としての意味を持っている。これまで、1部、2部、マザーズ及びJASDAQ（スタンダード・グロース）の4つの市場区分からなる東証は、来春、プライム、スタンダード及びグロースの3つの市場に再編される。このうちプライムは、海外投資家を呼び込む〝エリート市場〟という位置づけだ。そして新たなガバナンス・コードでは、この市場に上場する企業には、独立社外取締役を全体の3分の1以上置くことが求められているのである。

社外取締役の機能、役割を重視せよ、という総論に異議はない。しかし、改訂コードの中身でその目的を果たせるのかは別問題、というのが私の認識だ。

会社法は、上場企業に「監査役会設置会社」「監査等委員会設置会社」「指名委員会等設置会社」という3つの異なる機関設計を認めている。2021年の改訂は、今の3つのうち、グローバルスタンダードにもかなう指名委員会等設置会社（取締役会に、経営の監督役として、社外取締役が過半数を占める指名委員会・監査委員会・報酬委員会を置く）を目指しなさい、と読み換えることもできる。2003年に鳴り物入りで導入されたものの、現在3700社あまりの上場企業のうち、この機関設計を取り入れているのは、わずか七十数社に過ぎない。

では、頑張って取締役会をこの設計にすれば、ガバナンスはうまく回るのだろうか？

2021年も国を代表する企業の不祥事が相次いでいる。みずほ銀行（みずほフィナンシャルグループ）は、2月28日に全ATMの7割が停止する事故が発生したのを皮切りに、3月までに計4回のシステム障害を起こし、過去の教訓が生かされていないことを示した。

2015年の会計不正事件の記憶も新しい東芝は、昨年の株主総会が公正に開催されなかったという社内調査の隠蔽などをめぐって6月の総会が混乱し、会社提案の複数の取締役就任が否決されるなどの事態を招いた。

さらに、三菱電機は、鉄道車両用空調装置などの不適切検査の判明を受け、7月に社長が辞任に追い込まれた。この会社の過去の不正も、枚挙にいとまがないほどだ。6月の株主総会で、すでに発覚していた事実について何ら説明しない、すなわち株主への説明責任を放棄したことをみても、問題の根は極めて深いと言わざるを得ない。

これらはいずれもガバナンスの根本が疑われる事案だが、皮肉にも、この3社はすべて指名委員会等設置会社なのだ。社外取締役にも、肩書を見れば、錚々たるメンバーが並ぶ。しかし、これだけ重大な事態を招いた（見逃した）人たちは、明らかにお飾りであり、単にそこに置かれた〝張りぼて〟といえる。

〝社外の数〟は必要だが、それよりも大事なのは、自ら会社に問題がないのか常に情報収集に努める姿勢も含めた資質、能力である。同時に、会社の側に、あえて適格な人物を招く社風といったものが築けなかったら、ガバナンス・コードはいつまでたっても絵に描いた餅のまま。制度改革には、そうした本質の議論が不可欠だ。

（AM　2021年10月1日）

スキルマトリックス

2021年6月、2度目の改訂がなされた上場会社向けの「コーポレートガバナンス・コード」は、取締役会が備えるべきスキル（知識・経験・能力）と、各取締役のスキルとの対応関係の公表を要請している。すでにいくつかの会社では、取締役に期待する分野（例えば企業経営・財務会計・法務リスクマネジメント・ガバナンスなど）を複数示し、それぞれの取締役が該当する箇所に印をつけた一覧表（スキルマトリックス）を公表している。

これまでも新任役員の選任に際しては、株主総会招集通知に、候補者とした理由等が示されていたが、会社の期待と取締役全員のスキルや特性等との関係が不分明であった。今回の改訂は、自社の事業特性を勘案しつつ、特に重要と考えるスキルセットを示し、それにかなった人材の配置を明示することが目的といえる。

今後、スキルを具備しているとされる取締役の場合、その意義を認識し、それを裏切る行動や結果が顕在化する場合には、当然に、会社および株主に対する責任が問われるべきである。

それは、スキルマトリックスでの開示内容が不当、虚偽であったと批判されるからである。開示情報は、常に真実かつ公正であることが不可欠であり、無責任な情報開示は厳に慎む必要がある。

別途、経営判断の誤りで損失が出たり、不正等が発覚したりした場合などに、経営陣の在任中の報酬を会社が取り戻す仕組みとして、クローバック条項がある。これにならうならば、開示されたスキルを十分に発揮せず、株主の期待に応えきれていない取締役には、報酬の一部返還を規定することで、スキルマトリックス開示の実効性を確保すべきではないか。

（経済　２０２１年11月10日）

ガバナンス強化に逆行する機関設計にもの申す！

わが国の株式会社の機関設計には、「監査役会設置会社」「指名委員会等設置会社」「監査等委員会設置会社」の3つがある。〝ガバナンスの強化〟を主眼に新たな仕組みが考案され、会社が選択的に導入してきた結果なのだが、その内実を見れば課題山積と言わざるを得ない。

監査役会設置会社では、多くの執行担当の取締役を取締役会が〝監督〟する。そのため執行と監視・監督が未分離な形態となることに加え、業務執行を担う取締役を〝監査〟する監査役も、株主の負託に応える役割を果たしていないとの批判が長年にわたり繰り返されてきた。

こうした批判を克服すべく、2002年の商法改正で、執行と監視・監督を分離することで米国型の実効性の高いガバナンスを備えた、と謳う指名委員会等設置会社が登場する。これには、取締役会内委員会として指名委員会、報酬委員会、監査委員会が設けられた。

ただ、3つの委員会が必置とされたことで、様々な意味で企業の負担が高まった（当時の米国では監査委員会のみ必置）。とりわけ、社外取締役が多数の指名委員会によって後継者選びが実行されるという状況は、多くの経営者にとって受け入れ難いものだった。その結果、この制度の採用は、導入後20年経った現在でも4000社弱ある上場企業のうち七十数社にとどまっている。

そうした現状を鑑みて、2014年の会社法改正で設けられたのが、監査等委員会のみを必置とする監査等委員会設置会社である。ある意味、執行と監視・監督を分離した指名委員会等設置会社と、わが国伝統の監査役会設置会社のハイブリッドで、社外監査役を社外取締役に置き換えれば事足りるということから、企業の負担は大幅に軽減される。私は、「上場企業は、雪崩を打ってここに移行するだろう」と予言したのだが、案の定わずか5年ほどの間に、約1200社がこの機関設計を導入したのである。

では、肝心のガバナンスの強化は、実現できたのだろうか？　アメリカ型の委員会設置会社を指向しながら、企業に評判が悪いために〝折衷案〟を提示したかのような経緯を見れば明らかなように、答えは〝NO〟である。例えば監視・監督機能のキーポジションにある社外取締役は、制度設計上なんと最低2名で足りてしまう。これでは〝改革〟ではなく、〝逆行〟と言われても仕方ない。

2021年6月、この監査等委員会設置会社を巡る〝事件〟が起こった。昨春、プラスチック製品メーカー「天馬」の海外子会社の贈収賄事件が明るみに出る。当時の取締役に損害賠償を求めて提訴するなど、疑惑を追及して経営陣と亀裂を深めていた監査等委員が、株主総会で突如解任されたのだ。株主である海外投資ファンドが提出した取締役選任議案が可決されるという展開だったが、少なくともこの制度の下でも、企業の不祥事を防いだり暴いたりするのに大きな困難を伴うことは、明らかになった。ちなみに当時の取締役は、委員会に問題を知らせず処理を図ろうとしていた。

この機関設計は、監査等委員に経営の意思決定に関与する〝監督〟と、それを〝監査〟する機能の双方の履行を求めているため、根本的に監査機能の独立性に抵触しかねないという重大な問題も孕んでいる。欠陥だらけの制度策定にかかわった専門家は、「これは最終的なゴールではなく過渡的なものだ」と言い放った。こんな泥縄式の〝制度改正〟を続けていては、ガバナンスの強化は難しいままだ。

（AM　2022年1月1日）

社外取締役の責任を問う

上場会社向けの「コーポレートガバナンス・コード」は、実効性の高い監督を行う視点から、独立社外取締役を3分の1以上選任するよう要請している。企業統治を強化するために業務の執行と監視・監督を峻別《しゅんべつ》し、取締役会に外の目を入れる重要性が認識されている。従来の監査役会設置会社から、指名委員会等設置会社ないしは監査等委員会設置会社に変更する会社が増えている。

しかし、社外取締役を選任しさえすれば、本当に企業統治は有効に機能するのであろうか。会計不正事件の記憶も新しい東芝は、株主総会が公正に開催されなかったとする社内調査の隠《いん》蔽《ぺい》などをめぐって2021年6月の総会が混乱し、複数の取締役就任が否決されるなどの事態を招いた。みずほフィナンシャルグループ2021年、なんと9回にも及ぶシステム障害等が発生し、金融庁から業務改善命令が発出された。三菱電機は鉄道車両用空調装置などの不適切検査が判明し、2021年7月に社長が辞任に追い込まれたが、その後も不正の芽は根絶されていない。さらに東京電力では原発トラブル隠しやデータ改ざんなどの不正が繰り返されている。

いずれも企業統治の根幹が疑われる事案だが、皮肉にもこの4社はすべて指名委員会等設置会社なのだ。社外取締役にも錚々《そうそう》たるメンバーが並ぶ。しかし、これだけ重大な事態を招いた（見逃した）人たちは、単にお飾りであったといわざるを得ない。経営の監督を旨とする本来の役割を十分に担ってこない社外取締役に対しては、その責任を明確に追及することが不可欠である。そうした対応もなく、数合わせの議論に終始しているような企業統治は画餅《がべい》に過ぎないであろう。

（経済　2022年1月14日）

迷走する私学のガバナンス

日本大学を巡る一連の不祥事案件では、理事や理事長の逮捕により学校法人のガバナンス不全が白日の下にさらされ、私学助成金が全額不交付となった。日本大学には２０２０年度に約90億円が交付された。現在の在籍者数約７万５千人にとっては１人当たり約12万円の補助を逸失したことになる。大学関係者は、責任の重大さに改めて思いを致すべきである。

学校法人は私立学校法に基づき、多くの裁量の下で法人運営を行っている。業務の執行と監視・監督機能が未分化になり、健全な組織運営が阻害されている。執行責任を担う理事のほとんどが諮問機関の評議員を兼務し、監視の役割を果たしていない。監事においても、監督される理事長が選任する、といった体制に疑問すら抱いていない。日大問題は、すべての私学にとって決して対岸の火事ではない。

文部科学省は19年と21年の「骨太の方針」に従って、学校法人のガバナンス改革の議論を重ねている。先般公表された改革案の柱は、ガバナンスの根幹を担う評議員会を、独立性を備えた最高監督・決議機関と位置付け、執行を担う理事会を大所高所から監視する、という極めて常識ある提言になっている。それにもかかわらず、ほとんどの学校法人関係者は、保身と既得権を守るためか、一斉に反論の大合唱をしていることには、驚くばかりである。

少子化での定員割れと研究力の国際的な低下が叫ばれて久しい大学が、このような体たらくで有為な人材を育成する責任を果たせるのか、甚だ心もとない。痛みのない改革はあり得ないのであり、大学関係者は、今こそ謙虚に社会の声に耳を傾け、歴史に残る改革を推進すべきである。

（経済　2022年2月9日）

阿吽か、コードの遵守か

阿吽《あうん》の呼吸、以心伝心、暗黙の了解といった慣用句は、これまでの日本人の行動様式を端的に示す言葉だ。戦後の高度成長を担った昭和の時代の日本人気質であり、こうした行動が是認される前提として、単一言語、単一の価値観など、すべてにおいて異文化の影響を排除してきたことがあるのではないか。

しかし、グローバル化が叫ばれて久しい今日、海外からの人々は増大し、日本人魂が通用しなくなる場面も増えている。人種のるつぼと化して多国籍の文化が浸透するアメリカなどは、一つ一つの行動にも、母国の文化との違いがあり、十分に説明することで初めて共通の理解が得られる。事前に明確なルールを策定し、遵守《じゅんしゅ》を求めるとともに、異なる文化的背景を有する者には遵守しない理由を説明させて理解を得るようにしている。

円滑かつ効率的な企業経営を推進する観点から導入されるようになったコーポレートガバナンス・コードは、まさに、日本社会のグローバル化がもたらした産物だ。企業以外のあらゆる組織運営の場においても、従来の行動様式と異なったコードへの遵守という画一的な行動へと駆り立てられている。遵守しない場合には、その理由を説明することが基本とされるが、日本人の横並びを好む習性として、コードを遵守しない判断を下すことは、かなりハードルが高いのである。それどころか、一律的なコードの遵守を最優先することから、自ら考えて臨機応変に行動するといった、主体的な視点が希薄になることを危惧している。さらには、組織で培った世界に誇れる伝統や暗黙知が伝承されなくなることは、何としても防がなくてはならないであろう。

（経済　2022年3月10日）

学校法人のガバナンス改革を、推進し、決して後退させないために

日本大学の前理事長が、大学の取引業者等から巨額のリベートを受け取り、それらの所得を隠して脱税したという悪質な〝会計不正〟で逮捕、起訴されたという事件は、あらためて私大経営をめぐる構造的な問題を浮き彫りにした。繰り返される不祥事の背後にあるのは、学校法人という組織の呆れるばかりのガバナンス不全である。

そうした状況の打開に向け、2019年12月に文部科学省の「学校法人のガバナンスに関する有識者会議」が設置され、2020年3月に報告書が公表された。さらに7月には、法制化を前提とした改革案の文科大臣への提示を目的とした同じく「学校法人ガバナンス改革会議」が設けられ、12月に報告書をまとめた。私は両会議に委員として参画し、これらの議論に加わってきた。

学校法人の運営には、3つの機関がかかわる。業務に関する最終的な意思決定機関が「理事会」（トップが「理事長」）で、個々の理事の職務執行の監督も行う。予算、事業計画、寄附行

為（企業の定款に該当）の変更などについての理事長の諮問機関に位置付けられるのが「評議員会」だ。さらに「監事」が、法人（理事会）の業務、財務状況などの監査を受け持つ。「改革会議」の報告書のポイントをひとことで言えば、「今は大半を理事会が握る業務執行と監視・監督の機能を、明確に分離する」ということだ。具体的には、理事会の業務執行権限はそのままに、評議員会に最高監督・議決機関の機能を持たせるのだ。

ところが、この報告書が公表されるや、私学関係者から反対論が噴出した。これも端的に言えば、「学外者ばかりの評議員会を理事会の上に置いて〝統治〟するようなことをすれば、学問の自由も建学の精神も脅かされかねない」という主張である。しかし、今説明したように、我々は理事会の業務執行権限を奪おうなどとは言っていない（そもそも評議員は学外者でなければならないという記述も、報告書にはない）。理事長の暴走を食い止めるためにも、業務の執行権限と、その監視・監督権限を明確に分離するというガバナンスの基本を提言しているにすぎない。

「監事の権限を強化すれば足りる」という彼らなりの〝改革案〟も、理事長がその選任を行うという現行の仕組みの下では、画餅に過ぎない。ちなみにこの監事は、会社法（旧商法）上の監査役に倣ったものだ。本家の監査役が今日に至るまで10回近くの制度改正を経ているのに対して、監事は一度も見直されていない。

それにしても、今回の取り組みを通じて痛感するのは、これだけ組織におけるガバナンスの重要性が謳われながら、その理解はまだ社会への浸透にはほど遠い、という日本の現実だ。そのことが、その後の文科省の対応にも表れた。あろうことか、私学側の反発に押されて、「改革会議」の提言をベースに法制化に進むという方針を事実上反古にし、2022年1月、「学校法人制度改革特別委員会」を設置して新たな議論を開始したのである。

改革の後退が懸念される事態を看過することはできない。すぐに「改革会議」のメンバーが中心となり、教育・経済界の有識者も加わった「学校法人のガバナンス改革を考える会」を結成し、サイトを立ち上げて意見の発信などを開始した。学校の特殊性、重要性はわかるが、だからといって日大事件が繰り返されてもおかしくない仕組みを温存させるのは、間違っている。こうした状況になった以上、頼みの綱は〝世論〟なのである。

（AM　2022年4月1日）

ガバナンス議論の原点を振り返る

わが国でバブル経済崩壊後の1990年代初頭、主要国では企業不正の発覚を契機に、健全な企業経営を確保するための規律付けとして、内部統制やコーポレートガバナンスの議論が始まったのである。即ち米国では、1992年、80年代の不正な財務報告の防止・抑止をないしは適時発見に向けた勧告を行ったトレッドウェイ委員会を支援していた組織委員会（通称、COSO）が、「内部統制の統合的フレームワーク」を公表。それが内部統制に関するデファクトスタンダードとして広く受け入れられるようになったのである。その後、2002年制定の企業改革法（通称、SOX法）では、企業不正の抑止を念頭に、公開会社における内部統制報告制度が導入され、わが国でも、2007年の金融商品取引法において同様の制度が導入されたのである。

また、英国でも同じ92年、コーポレートガバナンスの財務的側面での健全化を検討した委員会（通称、キャドベリー委員会）が、取締役会、監査および株主に対するアカウンタビリティ等に関してのあるべき実務規程（コード）を勧告したのである。さらに、95年には、取締役の報酬に関する健全な実務を明らかにして、企業の利用に供するための実務規程（コード）が勧告された。これらを受けて、98年には、コーポレートガバナンス検討委員会（通称、ハンペル委員会）が、企業の繁栄とアカウンタビリティの双方に貢献するための原則を総括するとともに、実務界主導型で、最善の実務規程ということで、所謂「コーポレートガバナンス・コード」を策定したのである。こうした取組みを経て、財務報告評議会（ＦＲＣ）が策定したコーポレートガバナンス・コードが、上場規則で義務付けられ今日に至っているのである。

一方、わが国の場合、複数の企業不正の発覚とともに、長年にわたって低迷する企業業績からの脱却を図るべく、「稼ぐ力」の向上を目指して、２０１５年に上場企業向けに「コーポレートガバナンス・コード」が策定され、取締役会改革、監査制度の充実、そして、取締役報酬の透明性の確保等が議論されてきている。しかし、金融商品取引法で導入された内部統制報告制度は、あくまでも、企業不正の防止を第一義的な目的としており、指名委員会等設置会社の機関設計の採用と同様に、明らかに米国型のガバナンスを踏襲したものである。それに対して、ソフトローと称される「コンプライ・オア・エクスプレイン」を基底としたガバナンス・コードの適用は、正に英国型の思想なのである。このように、わが国におけるガバナンス議論の場合、米国型と英国型の双方の仕組みを受け入れている点に特殊性がある。と同時に、当初は企業不正からの脱却を図りつつも、いまだに企業収益力が高まらない状況を前に、今では「攻めのガバナンス」が必要との指摘も散見される。しかし、まずは、経営トップが倫理観高く、健全な組織運営を実践することで、組織構成員の持てる力を最大限活かす為の取組みを果たすことが、ガバナンスの要諦ではないか。

（CG　2022年8月20日）

いくつもの会社提案が否決された、今年の株主総会が暗示する不安

2022年6月の上場企業の株主総会（2022年3月期決算）は、まさに〝大荒れ〟の様相を呈した。株主提案を受けた企業が過去最高の77社に上ったばかりでなく、想定外のかたちでそれが通る（会社提案が否決される）ケースが相次いだのである。注目を集めた事例には、次のようなものがあった。

投資会社のフューチャーベンチャーキャピタルは、総会で会社提案の6議案がことごとく否決され、監査等委員を含む経営陣が〝総入れ替え〟となった。株主提案が行使された結果、新たな代表取締役になったのは、わずか2・5%しか株を持たないアクティビストの個人株主だった。

「エニタイムフィットネス」を展開するFast Fitness Japanでは、大株主が〝造反〟した。同社株を50%近く保有する取締役会長と、監査等委員を務める取締役が結託し、自分たちも含めた取締役会で決定したはずの会社提案を覆す株主提案を行ったのだ。会社側は、監督役である

はずの監査等委員の取締役が、実質的に会長の利益の代弁者になっているとして、次年度の取締役候補にしないことを決めていた。対する株主提案は、当該取締役の再任と、同氏の再任に反対した社外取締役の〝交代〟を求めるという乱暴なものだったが、総会では会長の持つ株数がものをいい、可決された。

また、北越メタルが、役員人事をめぐり筆頭株主である親会社トピー工業と対立、株主提案を行った親会社と総会の委任状争奪戦を繰り広げるという〝事件〟も起こった。〝親会社の支配力排除〟を目指す北越と、〝協力体制軽視〟を問題視したトピーの対立という図式だったが、総会では取締役の一部再任に反対する株主提案が通り、社外取締役は一新された。

誌面の都合上、ケースの紹介はこのくらいにしておくが、ほかにも以前には考えられなかった〝異例の事態〟がいくつも発生している。そうした現象に、コーポレートガバナンス・コードの2度にわたる改定（2度目は2021年6月）や、2022年4月の東京証券取引所の市場区分の改編といった上場企業のあり方をめぐる改革は、無関係ではないだろう。いずれにせよ株式の流通が促され、かつてのいわゆる〝シャンシャン総会〟を演出した安定株主を構成しにくくなったのは、確かだと思う。

しかし、こうした〝株主の反乱〟を手放しでは喜べない現状もある。私が気になるのは、株主提案によって社外取締役の〝首のすげ替え〟が頻発したことだ。ガバナンス強化の期待を担って就任したはずの社外取締役の行動が、株主によって次々に否定されたことになる。

なかには、Fast Fitnessのように、社外取締役の対応が〝資本の論理〟を貫徹する大株主に返り討ちに遭ったケースもある。一方、北越メタルでは、事例のような紛争を起こさないためにいるはずの社外取締役が機能していたのかが正面から問われた結果、多くの株主から「NO」を突き付けられた。

内情は様々なれど、社外取締役が単なる〝お飾り〟でなく、日常的に情報を得て、ガバナンスの維持、強化に努めているのならば、総会で人事も含めた会社提案が否決されるような〝信じ難いこと〟は、そうそう起こらないのではないか。

いずれにしても、この〝6月総会〟の混乱は、企業のガバナンス改革が大きな転換期にあることを、あらためて印象づけた。社外取締役に関していえば、大事なのは数ではなく、実質（資質・能力・矜持）であることを、再度強調しておきたい。

（AM　2022年10月1日）

ガバナンス議論の神髄をなすアカウンタビリティ

わが国でガバナンス議論が喧しくなった最大の理由は、上場会社向けの「コーポレートガバナンス・コード」の制定とそれへの遵守が求められるようになったことであろう。有効かつ効率的な経営を実践するためには、健全な組織運営の確保に尽きるが、それを、株主はじめ、全てのステークホルダーに対して見える形にすることが不可欠なのである。これまでも、経営者は、株主から付託された経営責任をいかに履行したのかを決算書を通じて詳らかにし、株主の納得を得ることで自らの責任を解除してもらっている。これこそが、経営者に課せられたアカウンタビリティ（説明責任）の原点であり、「コーポレートガバナンス・コード」の目指すべき方向性も、こうした視点と軌を一にするものと言える。

そもそも、アカウンタビリティとは、「会計」と翻訳されるアカウンティングに相通じる概念で、真実かつ適切な情報の開示により事の経緯や顛末について報告・説明し、関係者の理解と納得を得ることで果たすことのできる公的な「結果責任」なのである。したがって、何らの根拠や証拠も示さず、ただ単に饒舌に話を行うことで「説明責任を果たした」との誤解がまかり通っている風潮は、却って当事者に対する信頼を失墜させることになる点に留意すべきである。

それに対して、指示された役割や業務を誠実に実行することで果たすことのできる履行責任としてのリスポンシビリティ（執行責任）があるが、これはあくまでも個々人の問題としての責任であり、両者の責任は明確に識別される必要がある。わが国の場合、個々人が果たすべき役割については、各自が忠実に履行義務を果たしている場合は多い。しかし、最終的に責任を負うべき立場の者が自身の履行義務を含め、そうした役割を適切に果たしたことを説明できていない場合が多く見られるのも事実である。その際の批判に対する回答の常套手段として用いられるのが、「守秘義務」があるということである。確かに、業務上知り得た秘密情報等については、一般にも、厳格な守秘義務が課せられている。しかし、企業の経営者や社会的に責任ある立場の者の場合、自らの任務ないしは役割を誠実に履行したことに対して関係者からの納得を得ることができなければ、結果に対して信頼を得ることは極めて困難である。そのためにも、常に真実かつ適切な情報の開示を基に、納得しうる説明を誠実に履行することが不可欠なのである。

このように、透明性ある形で、必要な情報を適時・適切に開示することは、健全なガバナンスを構築する上での原点をなすものといえる。とりわけ、企業不祥事が顕在化した時に問われるのが、早期の謝罪と同時に、事の真実について説明責任を果たすべきだということである。その際、説明責任の履行とは相容れない、きわめて稚拙かつ不誠実な対応に終始することでは、到底社会の理解は得られず、却って、企業価値を棄損してしまう事態を招来することが想定される。その為にも、ガバにナンス議論の神髄をなす、アカウンタビリティの意味する実質的な意義について、十分に理解しておくことが求められる。

（CG　2022年12月19日）

あらためて第三者委員会の有効性確保に向けた提言を

別稿（150ページ）にて、企業などが不祥事を起こした際に、外部有識者などによってつくられる「第三者委員会」について、批判的な検討を行った。また、2020年4月には、その名も『「第三者委員会」の欺瞞』（中公新書ラクレ）という書物も上梓した。そこでは、「この組織の問題は、多くの場合、出てくる報告書の中身が真相究明にほど遠いばかりでなく、事実上世の中の批判、追及をかわす〝禊のツール〟として機能していることである」と指摘したのだが、状況は〝相変わらず〟だ。

委員会に名を連ねることの多い弁護士の所属する日本弁護士連合会は、2010年に「企業不祥事における第三者委員会ガイドライン」を制定した。しかし、その後の変革する状況等も踏まえて社会的な信頼をより高めるためにも、本ガイドラインの見直しは〝焦眉の急〟といえるだろう。そこで、あらためて第三者委員会の有効性確保に向けた提言をしてみたい。

不祥事が発覚したら、まずは自ら全力で真相究明に努めるのが筋である。第三者委員会は、そうした自浄能力に限界があると判断した末に、選択されるものだ。委員会の設置に当たっては、その前に組織内でどのような対応を行ったのか、十分な説明責任を果たす必要がある。提言の第1は、そういう意味での「設置の意義の明確化」である。

第2は、「委員の適格性の確保」だ。委員に独立性、専門性、倫理性などが欠如していたら、真相究明などおぼつかない。選任プロセスの透明化も含め、厳格な判断が必要だ。

第3に、「社外役員のリーダーシップの発揮」を特に強調しておきたい。不祥事への直接の関与の有無は別に、その体制の下で起こった事案の究明に、社長をはじめとする経営陣が関与したのでは「第三者機関」とは言えまい。社外取締役、社外監査役などの社外役員が、ステークホルダーの代理として、執行部門の影響を受けることなく、委員会の設置から報告書の作成まで主体的な役割を担うべきである。

第4に、当然のことながら、委員には「委員会の使命の自覚」が求められる。第三者委員会の使命は、起きた事態の〝真因究明〟であり、単なる〝犯人捜し〟などではない。そうした使命を完遂できない場合には、辞任も厭わぬ覚悟で、ステークホルダー目線での役割に徹する必要がある。

第5に、「報酬等の適時開示」も強く求めたい。独立性、透明性の確保には、委員会の活動全てにかかわったコスト（委員報酬、補助作業費用など）を公にすることが不可欠だ。

述べてきた提言は、「そういう当然のことが行われていない」という課題の裏返しにほかならない。そもそも、不祥事を起こした企業が選任し、メンバーの大半を「依頼人の利益ファースト」の弁護士が占める組織が、その真因究明に取り組むというのは、構造的に無理があるのではないだろうか。

実は第三者委員会という仕組みは、日本固有のものだ。欧米で同様の任を担うのは、独立社外役員なのである。有事になると「そんなことは聞いていなかった」と逃げることの多い日本企業の社外役員と違い、彼らはステークホルダーの信頼と利益を取り戻すために全力を尽くす。日本でも、〝提言3〟の延長線上で、社外役員を第三者委員会に置き換えるのが、あるべき姿だと考える。そうなった時こそ、コーポレートガバナンス・コードが想定している本当の意味での社外役員制度が日本に根付いた、と言えるのではないだろうか。

（AM　2023年1月1日）

不毛な「守り」と「攻め」のガバナンス議論

2007年の金融商品取引法の下で始まった、上場会社における内部統制報告制度の導入時には、多くの批判的な議論が渦巻いていたのである。それは、アメリカで先行して始まった内部統制対応が、余りにも形式的かつ画一的な手続に翻弄され、法外なコスト負担を強いられたことに起因していたのである。その為、わが国では、各社が、内部統制の本質を正しく理解して、創意工夫を凝らしながら効果的かつ効率的な整備・運用を行うことが期待されたのである。

そもそも内部統制とは、経営管理の一環として、業務を有効かつ効率的に推進するための一連のシステムであり、高度な倫理観を備えた経営トップが全社的なリスクマネジメントを的確に行い持続可能な組織体を構築していくことに他ならない。しかし、そうした経営に資する内部統制という視点が等閑視され、法律によって義務付けられた制度ということで、組織内の不正や不祥事の予防、抑止こそが内部統制の神髄と誤解されたため、多くの経営サイドからは疎んぜられる課題となってしまったのである。

そうではなくて、法制度としての内部統制の要請は、あくまでも、企業が社会的な存在として道を外すことのないように、健全な組織として最低限遵守すべき要件が規定されているに過ぎないのであり、それは、「守りの内部統制」と捉えることができるであろう。しかし、多くの優秀かつ誠実な構成員から成る会社の場合、そうした組織防衛という守りの内部統制に特化することは、徒にコストが増大するのみで、企業の発展や成長に貢献しないとの指摘もみられる。その際、今一度、内部統制の原点に立ち返って、真に強靭な組織を構築し、更なる発展を実現するために何をなすべきかを各構成員が自ら考えて行動する組織にすることこそ、「攻めの内部統制」と捉えることができるのである。

ところで、内部統制を中核とするガバナンス議論においても、「守りのガバナンス」と「攻めのガバナンス」といった捉え方をする向きが散見される。しかし、ガバナンス議論は、ソフトローという形での自主的な「コード」という文脈の中での議論が主流である。したがって、最低限遵守すべきガバナンスの議論をもって「守りのガバナンス」というのは基本的にあり得ないであろう。つまり、問題とされるガバナンスは、健全なリスクマネジメントを駆使して、当該組織本来の使命・役割をいかに効果的かつ効率的に実現することができる組織を構築することにあり、所謂「攻めのガバナンス」と解される視点こそが、ガバナンスの本質だからである。

ただ、現在喧しいのは、「コーポレートガバナンス・コード」という形で、恰も、組織の体制を一律的に規定し、それを遵守させることがガバナンスの向上に資すると解されていることである。正に、それこそが最大の誤解といえる。というのも、それは、かつての内部統制議論が辿った、ガバナンスの本質を度外視した不毛な議論だからである。

（CG　2023年4月17日）

指名委員会こそ、健全なガバナンス構築の根幹

21世紀を迎えた米国の資本市場は、2001年12月のエンロン社、そして2002年7月のワールドコム社の破綻により、厳格な規制強化の目玉として、企業改革法（SOX法）が制定されたことは周知のとおりである。ただ、こうした経営トップ主導の会計不正に関しては、業務執行に対する監視・監督が期待されている監査委員会の機能不全に対し、非常に厳しい批判が相次いだのである。これに対して、監査委員会のメンバーからは、当時、報酬委員会が株価を基礎とした業績連動型の経営者報酬制度を採用していたため、恣意的に株価の上昇を操作する経営マインドを抑止することができなかったということで、報酬委員会に対して批判の矛先が向けられたのである。ただ、報酬委員会からは、そもそもこうした貪欲で倫理感の乏しい経営者を選任した不適格な指名委員会にこそ、不正を誘発する最大の原因があったとの指摘がなされたのである。

まさに、落語にある「三題噺し」にもなりそうな話ではないだろうか。すなわち、今日わが

国でも推奨されている、指名委員会等設置会社を構成する3つの分科委員会（監査委員会、報酬委員会、指名委員会）のすべてに課題が投げかけられたのである。

確かに、わが国でも止むことのない会計不正やその他の不祥事案を見るにつけ、それが長期にわたり全社的に蔓延っている不正や不祥事の場合、そのほとんどにおいて経営トップの責任が問われる事案になっていることから、経営者の責任は極めて大きいのである。したがって、そうした大きな責任のある経営者がいかにして選任されるのかといった問題こそ、健全なガバナンス構築の根幹をなすものといえる。

「コーポレートガバナンス・コード」の導入以来、指名委員会等設置会社以外の機関設計を採用する会社でも、取締役会は、「独立社外取締役を主要な構成員とする独立した指名委員会・報酬委員会を設置すること」で、これらの委員会の適切な関与・助言を得るべきであると提言されている。さらに、経済産業省公表の「指名委員会・報酬委員会及び後継者計画の活用に関する指針」（2022年7月19日）では、指名委員会・報酬委員会設置の目的として、①社外取締役の関与を強めることと、②メンバーを絞って効率的な議論をすることを挙げている。つまり、こうした目的は、社長・CEO等の経営者の選解任のプロセスを透明化するとともに、株主等のステークホルダーに対しての説明責任を果たすことが主眼とされている。しかし、真に必要なことは、十分な時間をかけて、経営者としての適格性と倫理性およびインテグリティを備えた者を選任するとともに、適切なリスクテイクを促すための仕組みとして機能するような報酬方針の下、経営者に対してのインセンティブを与えるような報酬額を決定することであろう。このように、まずは指名委員会が実効性ある形で機能することこそ、健全なガバナンス構築の原点であるといえる。

（CG　2023年8月21日）

コーポレートガバナンスの真意の共有

わが国上場企業向けに2015年に制定された「コーポレートガバナンス・コード（以下、CGC）」は、英国のロンドン証券取引所の上場規則に組み込まれたCGCを範としたものである。その英国では、1990年代前後に生じた複数の企業不祥事を克服するために、民間主導により、以下の3つの委員会を設置して、健全な企業経営に向けた具体的施策を提言したのである。1992年の「コーポレートガバナンスの財務的側面に関する委員会報告書」（通称、キャドベリー委員会報告書）、1995年の「取締役の報酬に関する報告書」（通称、グリーンベリー委員会報告書）、そして、これらを統合した「コーポレートガバナンスに関する最終報告書」（通称、ハンペル委員会報告書）であり、結果的に、ここで提言された内容が、英国のCGCに採択されたのである。

このハンペル委員会報告書では、企業不祥事の抑止等の課題はあるにしても、基本的に「コーポレートガバナンスの重要性は、企業の繁栄とアカウンタビリティに貢献するところにある」

と喝破している。一方、わが国で、このCGCの議論が開始されることとなった直接的な経緯は「『日本再考戦略』改訂2014」での指摘にある。それは、日本企業の「稼ぐ力」を取り戻すとの観点から、コーポレートガバナンスの強化が提言されたのである。

つまり、日英両国での議論からも明らかなように、コーポレートガバナンス議論の前提は、企業等の持続的繁栄を確実にするために必要な視点、仕組み、更には、人的資源を整備し、かつ、有効活用することに尽きるとの点で軌を一にしたものといえる。一方、広くガバナンスの不全等が問題視される場合は、通例、企業価値の棄損や持続的繁栄を頓挫させる不正や不祥事が顕在化した時である。そのため、こうした不正や不祥事対応に心血を注ぐことにこそガバナンスの主眼があると誤解する向きも多い。

確かに、企業等における不正や不祥事は、企業価値を棄損させるネガティブリスクであり、決して容認することはできない。しかし、これまでの多くの不祥事案件からもわかるように、いかに高邁な企業理念や厳格な仕組みを整備していたとしても、不正や不祥事を完全に払拭することはできない。というのも、時の経過や企業等を取り巻く環境の変化、更には組織構成員の意識の変化等もあり、常に、同質の健全な組織体制が維持されている保証はないからである。それは、多様な考えと意識、更には、種々の動機を有する人間社会のなせる業でもあり、組織の規律自体、時の経過の中で機能不全ないしは制度疲労が生ずることも想定されるからである。
そのため、本来の趣旨に則り、健全かつ盤石なガバナンスを構築しておくためには、まずは経営トップの誠実性と倫理観から成る統制環境と継続的なモニタリングが機能していることが不可欠なのである。それこそが、ガバナンスの真意たる組織の持続的繁栄を達成することが可能となるとの思いを共有すべきである。

（CG　２０２３年12月18日）

〝もの言う株主〟たちのひと言が、ガバナンス強化への効果に貢献

上場企業に対する投資家の視線が、一層厳しさを増している。別稿（183ページ）でも、2022年の上場企業の株主総会で多発した株主提案の事例を紹介したが、2023年はそうした動きがさらに加速した。企業のガバナンスを考える視点からも無視できない〝新たな潮流〟について、あらためて述べてみたい。

株主総会で議案を提出する権利は、会社側と株主の双方にあり、後者が提出した議案を「株主提案」と呼ぶ。2023年には、6月総会（3月期決算企業）だけで、90社に対して334件の株主提案が提出された。前年の77社、292件を上回る過去最多の数字だ。そして、中には会社提案に敵対的な株主提案が〝勝利〟するケースも見られたのである。

例えば、海洋土木大手の東洋建設の総会では、大株主の資産運用会社の提案した取締役候補9人のうち7人が、賛成多数で選任された。一方、会社側提案の候補者11人のうち、選任されたのは6人にとどまった。取締役は計13人となったが、株主が提案したメンバーが過半数を占

めるというのは、異例のことだ。ちなみにこの対立の背景には、資産運用会社による東洋建設のＴＯＢ（株式公開買い付け）の可否があった。

否決はされなかったものの、会社提案の取締役選任議案への賛成率低下にも、投資家の変化が見てとれる。驚きだったのが、３月末のキヤノン（12月期決算）の御手洗富士夫会長兼社長に対する選任議案で、賛成率は50・59％。経団連会長まで務めた大物経営者が、あわや解任の事態に追い込まれたのである。

賛成率の低さとともに注目すべきは、その理由だろう。トップ人事に反対した機関投資家などが第一に挙げたのは、〝女性役員がゼロ〟であることだった。ガバナンスにおいて、取締役会のダイバーシティを実践していない企業が、株主から「ＮＯ」を突きつけられたかたちだ。また、御手洗氏の88歳を筆頭に、社内取締役３人の平均年齢が80歳を超えること、同氏の役員在任期間が42年にわたることも、マイナスポイントとなった。同様の企業が口にする「人物、実力本位」「余人をもって代えがたい」というのは、「当社は後継者育成が遅れています」の証明でしかない。儲けていればそこを見逃してくれるほど、今の株主は甘くないということだ。

６月総会では、トヨタ自動車の豊田章男会長の選任議案の賛成率が、昨年から10％超下落（84・57％）したことも注目を集めた。こちらは、「気候変動問題に関する情報開示が不十分である」「取締役会の独立性（社外取締役比率の低さ）に問題がある」ことなどが、反対票に結びついた。いずれも、以前なら総会で提示されるようなことのなかった意見である。

少し前まで、会社に敵対的な株主提案を行うファンド、機関投資家などは、会社はもちろん長期に株を保有するような他の株主からも疎んじられる存在だった。しかし、ここにきて彼らアクティビスト（もの言う株主）がその存在感を大きく高めている事実は、疑いがない。

株主総会で冷や汗をかいたキヤノンは、２０２３年９月、女性取締役の登用と社内取締役の若返りを盛り込んだ取締役人事を発表した。２０２４年３月に開催予定の株主総会を経て、正式決定の運びだという。〝もの言う株主〟が、頑なな経営を動かしたことになる。

（ＡＭ　２０２４年１月１日）

社外取締役の説明責任

２０１４年の「日本再興戦略」で提言されたわが国のコーポレートガバナンスの強化は、企業の稼ぐ力を高め、持続的成長を促して企業価値を向上させることに主眼が置かれていたのである。そして、こうした成長戦略に資するために、社外取締役の積極的な活用が推奨されたのである。しかし、現実には、健全な発展・成長を阻害する企業不祥事が絶えないのが実情である。多くの不祥事が露呈した場合、決まって講じられるのが、第三者委員会の設置による原因究明と再発防止策の提言を受けることである。

この点、「コーポレートガバナンス・コード」の原則４‐７「独立社外取締役の役割・責務」では、経営の方針や経営改善について助言を行うことに続けて、「経営の監督を行うこと」が規定されていることから、経営陣に関わる不祥事の場合には、社外取締役の実効性が問われることになるのである。つまり、業務プロセスレベルでの不祥事については、当然に、そのラインの管理責任者および執行部門の責任者が前面に立って説明する義務があることに異論はないであろう。

しかし、長年にわたり、かつ、広範囲の組織にわたる不祥事案件や、経営者を巻き込んだ不正、更には、経営サイドのガバナンス不全が問われる場合には、もはや、執行のトップに依存することは困難であるばかりか、社会の人々の信頼を得ることはおぼつかないものといえる。

したがって、そうした経営の根幹にかかる不祥事の発覚といった有事の場合には、それこそ、株主をはじめ広くステークホルダーの利益を守るといった立場からも、社外取締役が率先して、説明責任を履行することが肝要である。それどころか、企業自身の自浄能力を発揮するためには、直ちに第三者委員会を設置するのではなく、まずは、社外取締役や社外監査役といった独立社外役員がイニシァチブをとって、調査委員会や検証委員会を牽引することが求められるのである。あるいは、第三者委員会に委ねざるを得ない場合であっても、当該委員会の委員の選任や調査項目の選定等については、独立した立場から、社外取締役が率先して対応を講ずることが求められているといえる。

しかしながら、社外取締役がこうした役割を十分に認識して、不祥事対応とその後の説明責任を果たしたといえる事例については、寡聞の限り、ごく稀にしかないのが実態である。それどころか、例えば、関西電力会長の榊原定征氏の場合、同社の一連の不祥事を受けて、会見など公の場で説明などはしてこなかった点について、「私は社外取締役。記者会見は執行の責任者である社長が行うのが原則。出るべきではないと思っている」（2023年7月29日「関電会長 相次ぐ不正を謝罪」朝日新聞）と述べている。これでは、何のための社外取締役なのか。株主から選ばれた立場からも、最低限、監督対象の経営陣の不祥事に対しては、率先して説明責任を果たすことが不可欠であると認識すべきである。

（CG 2024年4月22日）

不祥事企業の社外取締役

２０２１年6月改訂の「コーポレートガバナンス・コード」の補充原則４-11①では、「取締役会は、経営戦略に照らして自らが備えるべきスキル等を特定したうえで、…略…各取締役の知識・経験・能力等を一覧化したいわゆるスキル・マトリックスをはじめ、経営環境や事業特性等に応じた適切なかたちで取締役の有するスキル等の組み合わせ取締役の選任に関する方針・手続と併せて開示すべきである。」と規定されている。これを受け、上場企業は、株主総会招集通知において、ほぼ定型的な一覧表をもって、取締役候補者の資質等を開示している。

そこで採用されている具体的なスキルとしては、「企業経営」「法務・コンプライアンス」「財務・会計・税務」「リスク管理」「海外経験」「ＥＳＧ・サステナビリティ」など、まさに、責任をもって企業経営を推進するのに不可欠な資質が網羅されているのである。その際、株式会社の機関設計の違いにより、また、社内取締役と社外取締役とでは役割の違いもあり、求められる資質ないしスキルは、当然に異なるものの、その点での明確な識別は見られないのが実態である。

しかし、社外取締役については、基本的に非業務執行の立場から、他の取締役および執行役等、業務執行に係る役職者を監視・監督する点に最大の使命があることを認識すべきである。中には、自身の経営経験や成功体験をもって、経営のアドバイスを行い、あるいは、法や会計等の専門知識を駆使して顧問的業務に心血を注ぐといった社外取締役も決して少なくはない。しかし、企業サイドとして、仮に、経営上の成功体験や、より専門的な法律ないしは会計・財務等のアドバイスを期待するのであれば、それは、社外取締役としてではなく、別途、「経営アドバイザー」「法律顧問」「会計顧問」等の立場で支援を求めるのが筋である。

つまり、社外取締役は、あくまでも、企業経営の健全性と持続的な企業価値の向上に向け、当該企業の経営陣に対する監視・監督を厳格に行うことが最大の使命なのである。そのため、全社的なレベルでの内部統制上の不備や、結果として経営陣の責任が問われるような問題が惹起した場合には、当然に、社外取締役の責任についても厳しく問われるべきである。社外取締役は、そうした重い責任があることを自覚すべきである。

そして、こうした不祥事が顕在化した企業の場合には、選任に際して開示されていた各取締役のスキルとの兼ね合いで、どこに課題があったのかを明確にするためにも、適時開示の一環として、当該企業の社外取締役の対応状況を具体的に開示することが必要不可欠である。さらに、社外取締役が率先して、当該不祥事に対する対応状況等について、十分な説明責任を果たすことが極めて重要なのである。

（CG　2024年9月2日）

第4部

教育編

【掲載誌・略表記】
経済：経済気象台
AM：Accountant's magazine
CG：Corporate Governance

教育が支える専門資格

四半世紀前から進められてきたゆとり教育により、世界に誇れるわが国の初等教育のレベルの低下は著しく、その余波で高等教育の質の劣化も目を覆うばかりである。いわゆるエリート教育機関であった大学も全入時代を迎え、ほんの一部を除き完全に競争力を喪失してしまった。

しかし、高度な専門職業人養成は不可欠ということで、司法試験や公認会計士試験など様々な国家資格があり、社会的にも大学卒業証書より一発試験に近い資格試験合格の方に信頼を置く傾向もあり、資格取得熱は続いている。ただ、国家資格の多くは正規の高等教育機関での教育プロセスとは無縁の状態で推進されてきた。ここが最大の限界だった。

こうした弊害を克服するために講じられた措置が、法科大学院などの専門職大学院構想にあったはず。しかし、こうした教育プログラムを阻害する資格試験制度が温存されたため、大学院での真摯な教育貢献がまったく評価されない状況を生み出してしまったのである。

それは、司法試験であれ、公認会計士試験であれ、手間のかかる専門職大学院を修了することなく、知識偏重のペーパーによる資格試験合格を達成することが可能で、エリートが本来、厳格な教育を通じて習得すべき教養や倫理観など誰も評価しないからである。

公認会計士の場合、現在は継続的専門研修制度が定められ、毎年40以上の履修単位の取得が義務付けられた。激変する会計制度への対応のためにも、継続的な教育研修がいかに重要なのかを知らしめる結果となっている。最新の情報に精通した専門職業の信頼性を担保できるのは、継続的な教育以外にない、ということの証しだ。

（経済　２０１４年9月17日）

またぞろ専門職大学構想

実践的な職業教育を行う新たな教育機関「専門職業大学」の新設が検討されている。文部科学省の有識者会議が3月に案をまとめ、文科相が中央教育審議会に諮問した。

現在の大学は研究者はおろか、産業界における卓抜した人材の育成に貢献できていないと言われて久しい。それどころか少子化のあおりを受けて、私立大学の半数で定員割れが見られ、存続自体も危ぶまれる状況にある。そうした中、新たな専門職業大学とは、「またぞろ」感が否めない。

高度専門職業人の養成に特化した実践的な教育では、1999年に大学院修士課程の「専門大学院」が制度化され、2003年には更なる発展を図るべく、法科大学院などの「専門職大学院」が制度化された。しかし、こうした取り組みが、必ずしも当初の意図通りに発展していないことは、学生減少に歯止めがかからないことからも明らかである。

専門職大学院の実態についての精緻な分析や、現行制度の根本的な課題にメスを入れることもなく、文科省は大学レベルで職業教育を行う専門職大学の新設をもくろんでいる。

専門職大学では社会的需要に応じた質の高い職業人の育成と社会人の学び直しが目的とされている。既存の専門職大学院の目的と何が違うというのか。

大学と大学院の差はあるが、示された教育目的はまったく同じだ。現在、公的助成の対象とされていない専門学校を4年制大学や短期大学に格上げし、所定の学位を与えて権威づけするとともに、それに見合う助成金交付を可能にするためだけなのではないか。

相変わらず手を替え品を替えの無責任な教育行政こそ見直しが急務であろう。

（経済　2015年4月25日）

大胆な大学改革が不可欠

日本の大学は本当に危ない。18歳人口が減少、全入時代が到来してレジャーランド化し、定員割れで財政が悪化し、いずれの大学も生き残りに躍起だ。より高度な専門教育の場として創設された専門職大学院も、司法試験・公認会計士試験などの国家資格と密接にリンクしていないために受験生が激減。本来の趣旨に賛同して多くの優秀な教員が移籍したものの、貴重な教育資源を活用できないまま、廃止ないし撤退が相次いでいる。

絶大な許認可権限を行使して、大学にこうした負の遺産を抱えさせたのは文部科学省である。文科省はその責任を棚上げするように、教育の質や学生充足率の低い大学には補助金の削減という劇薬を振りかざし、淘汰を図ろうとしているようである。

大学の使命は、最高レベルの研究の促進と、国際的にも通用する人材の育成にあることは論をまたないであろう。ただ、すべての大学が研究と教育を同等に担う必要はない。いずれかに特化し、類似の大学や学部の統合を促進してこそ、受け入れ学生の資質に即した教育が可能になる。

研究主体の大学なら、研究成果を厳格に評価して教員を大胆に格付けすることが不可欠だ。一方、教育主体の大学なら、卒業生の能力評価や進路に対する満足度などを通じた教員の厳格な適格性評価が必要となる。

もはや小手先の改革では日本の大学を救えない。現在の大半の大学は教育主体に特化すべきである。その際、危惧されるのは多くの大学の教職員が危機意識を共有できていないことだ。しかし、先駆的でドラスティックな改革を先送りし、延命措置を図ろうとする大学は、早晩、淘汰されることになるだろう。


（経済　2018年5月23日）

劣化著しい公務員の倫理

「のどもと過ぎれば熱さを忘れる」とでもいうのだろうか。ちょうど20年前の1998年、「ノーパンしゃぶしゃぶ」と揶揄された接待汚職事件は、かつての大蔵省が舞台となった。複数の官僚が逮捕・起訴され、有罪判決が確定している。その結果、「財金分離」により金融行政を担う金融監督庁（現・金融庁）が発足、大蔵省は財務省に改称された。

さらに、国民の信頼を確保するため、99年に国家公務員倫理法が、2000年には国家公務員倫理規程が制定され、公務員の倫理向上に寄与してきたといわれている。

しかし、昨今、こうした取り組みが水泡に帰するような不祥事が続発している。財務省では、決裁文書の改ざん問題を主導したとされる元局長、セクハラ発言疑惑で辞任した事務次官。文部科学省では、特定の大学に便宜を図ったとして受託収賄罪で起訴された前局長、JAXA時代の接待をめぐって起訴された前統括官、この件では事務次官執務室も捜索を受けた。

これらは氷山の一角であろうが、深刻なのは組織の極めて上位の職にある者による不祥事だということだ。本来であれば、彼らは「国民全体の奉仕者」である国家公務員の鑑(かがみ)として振る舞うことが求められている。加えて20年前の不祥事を知りうる立場にあり、当時の同僚が法的責任を問われた事実を記憶しているはずである。それにもかかわらず、これまで培ってきた多くの公務員の努力と研鑽を無にする事案を引き起こした罪は極めて重い。

いま一度原点に立ち返って、全省庁を挙げて全ての公務員の倫理意識の徹底を図ることが不可欠である。それ無くしては、国民の信頼回復はおぼつかないであろう。

（経済　２０１８年８月21日）

パワハラ騒動に想う

このところ、礼節を貴ぶスポーツの世界で、パワハラ問題が相次いで発覚している。レスリング女子トップ選手の被害に始まり、体操女子選手による告発、大学のアメフトや駅伝など、パワハラや暴力を巡る不祥事が後を絶たない。

厚生労働省は、職場でのパワハラの定義を、地位や人間関係などの優位性を背景に、業務の適正な範囲を超えて精神的・身体的苦痛を与えたり、職場環境を悪化させる行為、としている。企業は、ブラック企業の烙印を押されると、信用や評判に傷がつき、企業価値を大きく損ねる。そのため、自由にものが言える環境を整え、内部通報制度などを確立してきた。

スポーツ庁も遅まきながら、不祥事に対し、国が競技団体への監督強化に乗り出すべきか、検討し始めた。

ハラスメントの問題は、受け手側の意識と感情に大きく左右される。かつては強い選手に育てるために、努力、忍耐、我慢を標榜《ひょうぼう》し、体罰もはばからない指導者が多かったし、選手の側も、勝つためにそれを是とする風潮が蔓延していた。
ここにきて続々と、被害者からの声が上がってくるのはなぜか。時代とともに、人々の意識は大きく変わり、それと同時に、SNSなどを利用し、弱者の立場からも、容易に声を上げることができるようになった、ということである。スポーツ界関係者は、こうした状況を受け止め、自らの言動を謙虚に見つめ直すことが不可欠である。そして相手の立場を認め、日頃から円滑なコミュニケーションを図ることで信頼関係が構築されていれば、早々に異常事態を認識できるし、問題が深刻化して、信用を失墜させるようなことにはならないのではないか。

（経済　2018年9月20日）

入試不正操作の愚

前途有為な人材を育成し、日本の医療制度の向上・発展に寄与すべき役割を担う大学としてあるまじき行為が発覚した。東京医科大学の恣意的な合格者の選別と、裏口入学ともいえる卒業生の子弟などの優遇措置である。

大学への入学はいつの時代も容易ではない。誰もが希望の大学・学部への進学を夢見て、砂をかむような青春時代の一コマを頑張ってきた。全ての大学はその努力に報いるため、選抜に際してあくまでも公正・公平を基本にしてきたはずである。

しかし、今回の不正な入試操作では、女子と浪人回数の多い男子に不利な扱いをしたことが判明している。大学の調査では、直近2年間の不正で、本来合格ラインに達して不合格とされた受験生は、１０１人に上る。もはや入試の体をなしていない。裏切りによって、優秀な学生の心に大きな傷を与えた罪は極めて大きい。また不正で得をした者は誰もいないのではないか。

大学側は、女子学生は実際に医師となってからの貢献度が低いとか、多浪生は入学後の成績不良が多いと抗弁する。そうした理由は、公正に行われるべき採点とは全く別次元の問題である。

今回の問題は、開示されていない身勝手な理由で本来の合格者を排除してしまったのであり、詐欺的行為以外の何ものでもない。

しかし追加合格は、次年度の募集定員を理由に、101人のうち63人にとどまる。ここに至っても、受験生の痛みが理解できない大学関係者がいることに驚愕《きょうがく》するばかりである。ここは一つ、次年度の募集を停止し、過去の合格者の救済と全ての不正からの脱却を図らなければ、医師養成の大学としての使命は果たせないだろう。

（経済　2018年11月22日）

文部行政の怠慢と大罪

少子化が進むわが国では、４割近くの私立大学で定員割れが起き、学校経営はまさに受難の時代を迎えて久しい。

そんな中、政府は２００８年に「留学生30万人計画」を策定した。これは、当時約12万人だった留学生を20年をめどに、30万人まで増やすというものであったが、実際には、18年には、ほぼ達成することができたのである。つまり、大学などでは、不足する日本人学生に代えて、中国などのアジア地域の留学生を受け入れる施策が急速に進められてきたのである。

しかし、この間、こうした施策を反故《ほご》にするような不祥事が露呈している。特に東京福祉大学の場合、過去３年間で、１６００人を超える留学生の所在が不明になっていたという。このことで思い出すのは、廃止となった山形県の酒田短大の事件。同短大では経営改善のために、定員を大幅に超える大量の中国人留学生を受け入れたが、多くの学生が首都圏で不法就労にいそしんでいたことが判明した。こうした外国人留学生の行方不明や不法就労は、たびたび顕在化していたのである。

これは、日本の学生ビザが就労目的での入国の足掛かりにされているということであり、まさに、高等教育機関が「擬装留学生」を創出しているのである。そのため、高等教育機関を管轄する文部科学省や地方自治体などは、早い段階から、不当な実態の調査と監視の強化が求められていたのである。

にもかかわらず、こうした教育機関に対しても、私学助成金や留学生向けの補助金などが長年にわたり支出されてきていることは、わが国の文部行政の怠慢と言わざるを得ず、文科省と並んで専門学校管轄の地方自治体の大罪も問われなくてはならない。

（経済　２０１９年６月28日）

展望無き文部行政を憂う

21世紀に入ってからの日本の高等教育の改革は、ことごとく失敗している感がある。

とりわけ、高度専門職業人の養成をうたい創設された専門職大学院構想は、当初の教育目的を達成できていない。法科大学院は最大74校あったが今は36校に半減。会計専門職大学院も最大18校から12校に減少した。志願者は激減しており、現在募集を続けている各大学も財政的に極めて厳しい状況にあるが、こうした状況に対して、文部科学省は何ら具体的な改革を進めることもなく、補助金をカットして単に傍観するのみである。

2020年度実施の大学入学共通テストについては、萩生田光一文科大臣の「身の丈」発言もあり、不公平感が噴出した。機会均等がうたわれる教育の現場に対し、逆に経済格差を助長するような対応に厳しい批判が寄せられている。こうした批判に耐えきれず、英語民間試験の活用が見送られることになったが、この1点からしても、大学受験を目指す若者に多くの不安と不信感を与えた文科省の責任は大きい。

それどころか下村博文元文科大臣が昨春、英語民間試験の活用を東大に指導するよう同省に求めたという報道もあった。これは学問の自治や独自性を堅持すべき大学教育を冒涜《ぼうとく》するもので、断じて容認されるものではないだろう。

資源の乏しい日本は、高い教育水準を堅持することで知財立国としての発展が求められているが、目先の短期志向での教育改革がすべてを反故《ほご》にしてしまっている。ビジョンのない文部行政と無責任ないわゆる「文教族」の政治家に翻弄《ほんろう》され、本来の主人公である前途有為な若者が振り回されている事態を憂えるとともに、憤りさえも感じるのである。

（経済　2019年11月29日）

公務員の倫理と非業の死

2020年3月18日に公表された近畿財務局職員の遺書と手記は、森友学園を巡る文書改ざんの経緯を克明に示しており、財務省幹部のあまりにもおぞましい実態をあぶりだした。

「国家公務員倫理法」第1条では、「職務の執行の公正さに対する国民の疑惑や不信を招くような行為の防止を図り、もって公務に対する国民の信頼を確保すること」を目的に掲げている。そこで、国家公務員は、国民全体の奉仕者であるとの高邁《こうまい》な理念を実践すべく、「職務に係る倫理の保持」に資するために必要な措置として、本法が制定されたのである。

しかし、遺書からうかがえる幹部職員の言動は無責任極まりないものであり、本法の理念を根底から否定するものである。時の政権におもねり、出世を妨げるような出来事には極力目をつぶろうとする姿勢が見える。

ところで、組織に属する者が不正に手を染めさせられ、あるいは、そうした不正を知ったときには、勇気をもって同僚や上司にそのことを相談して、事前に食い止めるための方策を講じることが求められる。「正しいことを正しく行う」といった行動原則こそ、職業人としての倫理の保持なのである。

しかし、そうした不正阻止の要請に耳を傾けず、また、不正に加担することを拒絶できない場合、矜持《きょうじ》をもって倫理を貫くためには職を辞すべし、との職業倫理の教えもある。実際に、職を失うことなど、簡単ではないが「倫理観のかけらもない組織の命に忍従することは、かえって苦しむだけだから」といった理由による。このように倫理の崩壊した組織、とりわけ権力を有する者に倫理観がない場合には、人の命をも奪う罪を犯してしまうことを知るべきである。

（経済　２０２０年３月31日）

教育機関のデジタル落差

新型コロナウイルスの感染拡大が、社会生活に大きな支障をきたしている。中でも、小・中学校から大学に至るまで、ほとんど全ての教育機関で新学期の授業が正常に実施できておらず、急きょ遠隔授業への取り組みがなされようとしている。

思い起こすのは1990年代半ば、米国の州立大学に客員研究員として所属し、当時の先駆的な教育システムに触れたことである。新入生は、新学期が始まる前に大学に来て、パソコン使用のために必要なIDとメールアドレスをもらい、履修登録を行うことが義務付けられていた。必要な機材が学内に配置され、学生を補助するために多くの上級生が関わっていた。担当教師とは、随時メールベースでのやりとりが可能となっていたのである。

当時のわが国では、ほんの一部の新しい物好きの人が、名刺にメールアドレスを記載するようになったばかりだった。その後、わが国でも情報機器の利用は広く浸透し、もはや携帯電話やスマホの無い生活は考えられないほどである。

しかし、社会のインフラをなす教育現場での有効活用という点では、大きく見劣りする状態になっていた。つまり、今般のコロナ問題を前に、文部科学省が対面授業を重視するあまり、遠隔授業を推進するための前提条件すら整えていないことが露呈したのである。一方、オンライン授業に切り替えた米国の多くの教育機関は、生命の安全を図りつつ、教育に支障のない形で授業が進められている。

終息の見えないコロナ問題を契機に、デジタル落差の著しいわが国の教育機関における教育体制の全面的な見直しと、教育機器の配備を早急に行うべきである。

（経済　2020年4月28日）

リアルとリモート

新型コロナの集団感染防止のため、「密閉」「密集」「密接」の3密を避けるべきことが声高に言われて1年近く経つ。会社での会議や学校の授業などは、早い段階から、インターネット環境下でのビデオ会議やオンライン授業など、リモート（遠隔）で行われてきている。

それどころか、一部の大学では、すべての授業をリモートに切り替え、キャンパスライフを謳歌《おうか》したい学生たちの夢を削いでしまっている。今後も通学できない状態が続けば、従来の「通信教育」の形態と変わらず、高額な授業料を支払って在籍していることに対して、多くの疑問が湧いてくるように思われる。

仕事の場合でも、人材育成の基本的な企業内の教育手法である「オン・ザ・ジョブ・トレーニング」を実践することができない状態にある。職場の上司や先輩が、部下や初心者に対して、直接現場で仕事を通じて指導を行い、知識、技術や技能などを習得させることができないといったジレンマもある。

社会の仕組みや行動様式のほとんどは、人の集まる現場といったリアルでの世界を暗黙の前提に成り立っていたのであり、コロナ下でのリモート環境は想定外であったといえる。しかしこれまでも、アナログ世代からデジタル世代への変革が図られてきたように、今後、多くの物事がリアル環境からリモート環境に大きく移行することは、もはや必然なのであろう。

ただ「寄り添う」「手に手を取る」など、日本人に好まれる気質はリモートにはふさわしくない。この際、絶対にリアルでなければならないこととは何かを、すべての関係者が、真剣に考えておくことが求められる。

（経済　2021年2月2日）

第5部

社会編

【掲載誌・略表記】
経済：経済気象台
AM：Accountant's magazine
CG：Corporate Governance

器の議論の好きな国

バブル景気の1980年代、国や地方公共団体がこぞって行った公共事業に、美術館や図書館などの施設や建造物の整備・建築があった。

しかし、そうした施設を活用する方法や、維持管理などの負担のあり方は十分に考慮されず、その多くが巨額の赤字を計上し、閉鎖ないし譲渡されており、非効率で無責任な政策は「箱モノ行政」と揶揄されるようになった。つまり、施設の本来の役割、完成後の経済波及効果、さらには施設運用に関する人的・物的コスト負担の合理性について考慮することなく、単に器の議論に終始したからである。

大きな社会問題になった新国立競技場建設問題も器の議論が先行した。責任の所在も不明確だ。建設後の活用や維持管理コストなどの議論もなく、競技場を活用する主役であるアスリートの育成・強化といった視点も完全に欠落している。

そもそも、環境に配慮したコンパクトな大会開催を標榜した東京オリンピックであったはずだ。放漫財政を継承するだけでなく、説明責任意識が希薄なため、見える形の実績を目指す器の議論が再び行政サイドにおいて頭を持ち上げてきたというほかない。

必要なのは、この失敗の事実を謙虚に認めて関係者の責任を明確にすること、二度とこうした問題を起こさせないための透明性の高い仕組みと厳格な監視のプロセスを整備することである。

国のスポーツ振興を所管する文部科学省の体制に重大な欠陥があることは明白であり、組織機構の見直しも急務である。せっかく盛り上がりつつあった東京オリンピック開催に向けて浴びせられた冷や水を拭うためにも、大臣の責任ある身の処し方を国民は注視している。

（経済　2015年8月6日）

経団連の怪

日本経済の発展と企業利益の増加を図るための政策提言を行うことで、政界・経済界に影響を有するのが経団連だ。そのためには、まず会員企業の行動や活動が律せられ、社会的にも高い信頼が得られることが不可欠である。

会員企業において組織ぐるみの違法行為や不正が発覚したら、直ちに自浄能力を発揮して厳格な制裁処分を行うなど、必要な是正措置を講じることが重要だ。しかし、2015年に起きた東芝の不正会計事案に対して、経団連は今もって見える形での対応を図っていない。

東芝は他社とは比べものにならないほど経団連と深い関係にある。これまで、同社の歴代社長経験者が、経団連の会長、副会長、評議員会議長などの要職を担ってきた。

その日本の財界を代表する会社において、長年にわたる会計不正が行われてきた。東芝問題は単に1社の不祥事として片付けられるべきものではなく、日本の資本市場全体の信頼を失墜させた重大問題と認識すべきである。そうでなければ、他の誠実な会員企業に対して、不当な評価が与えられかねない。

経団連としては、歴代の役員を輩出してきた東芝に対して何がしかの遠慮があるのか。それとも、時が過ぎれば忘却のかなたに葬り去られると安易に考えているのか。何とも理解に苦しむ。あるいは、不正会計の問題はすでに会計監査人の問題に移行しており、問題の幕引きは終えているとでも勘違いしているのであろうか。

会員企業が「社会の信頼と共感を得るために」取るべき行動を宣言した「企業行動憲章」を有する経団連。東芝に対していかなる措置ないし対応を講じるのか、社会は注視している。

（経済　2016年2月20日）

五輪ロス克服し新生五輪へ

久しぶりの海外旅行先で、ホテル客室階の廊下をペットの犬と一緒に歩いてきた宿泊客に遭遇した。日本でもペットと一緒に宿泊できる施設が増えてきたといわれる。家族同様の大切なペットを失うと、心身に様々な不調が生じるペットロス症候群に陥る飼い主も多いという。おそらく、少子高齢化社会にあって、ペットを生活上の良き伴侶ととらえる傾向が強くなっているためだろう。

同様に、身近に感じていたもの、強い関心を抱いていたものが失われることで、深い失望感や喪失感を抱き、精神的な落ち込みや生活意欲の低減などを生じる場合がある。

国民的アイドルグループがデビュー25周年の2016年限りで解散することを発表、多くのファンが抱く「SMAPロス」。過去最多41個のメダルを獲得した日本選手が2週間半にわたる熱戦を終え、応援し続けた多くの国民が抱く「五輪ロス」などだ。

しかし、いずれの状況や環境であれ、また、いずれの企業や組織であれ、そのままの状況が未来永劫継続することはありえない。価値観の多様化や国際化の影響の大きさを考えるとき、自分たちの生活様式は変わらざるを得ない、と捉える方が自然である。そのためには固定観念にとらわれず、常に柔軟な思考力とバランス感覚を持って、許容能力を高めておくことが求められる。

五輪旗はブラジルから次回開催国の日本に引き渡された。今般の「五輪ロス」を克服して新たな活力とアイデアを生み出し、２０２０年には環境と人に優しい革新的な新生五輪を世界に知らしめるべきである。それこそが、成熟した都市、東京で五輪を開催する本来の趣旨ではないか。

（経済　２０１6年8月25日）

政治家とカネ

「政治とカネ」は古くて新しい問題である。舛添要一氏は政治資金の不適切使用問題などの責任追及を受けて、都知事を辞職した。本人の要請により調査を担った弁護士2人は、「違法ではない」との苦しい弁明で舛添氏の擁護を図った。都民のいら立ちは個々の支出の適否ではなく、公金をほぼ日常的に私的に流用していたという点だ。結果として、行政府の頂点に立つ者として不適格であるとの烙印《らくいん》が押された。米ニューヨーク・タイムズ紙も、舛添氏の一連の行動を「ｓｅｋｏｉ（せこい）」という表現を引用して報じている。

一方、富山市議会では政務活動費の不正取得により議員12人が辞職。今般、補欠選挙が行われた。架空支出や領収書の偽造・改ざんなど、明確な犯罪行為が慣行になっていた。地方議員の政活費はどの議会でも似たような不正が行われていると言われる。それは、政活費が一定金額の前払い制になっていて、使い切らなければ損、という発想になるからのようだ。

ところで、さらに驚くのは、国会議員の間では政治資金パーティーで金額や宛名のない白紙領収書を受け取ることが慣例化していること。白紙領収書に自身で金額や宛名を記入することがまかり通っている。社会常識との隔たりにあぜんとせざるを得ない。

しかし、政治資金規正法を所管する高市早苗総務相は、自身も同様の処理をしていたこともあり、法律上の問題は生じないとの見解を示している。これとて国民の感覚とは大きなずれがある。

高度な倫理観と高い見識が求められる政治家に対して、せこい、ずるい、うそつきなどのレッテルが貼られてしまう不幸に、当事者は危機意識を持たなくてはならない。

（経済　２０１６年11月９日）

トランプ・マジック

古今東西を問わず、その不思議さと華麗なテクニックに魅了され、マジックを愛好する者は多い。ステージマジックの華は、白手袋にタキシードを着た演者がトランプやシルク、さらにはハトを次々に空中から取り出す演技。テーブルマジックの定番は、トランプ当てやコインを瞬時に消失させたり出現させたりする技だ。

占いの道具だったトランプの起源は紀元前の古代文明にさかのぼれるといわれる。マジック愛好家にとってトランプは必需品で、最も愛されている道具の一つである。

ところで、ドナルド・トランプ氏が米国の次期大統領になったことで、世界は「トランプ・ショック」の激震に揺れている。それは、トランプ氏が政治の舞台でどのような役回りを演じるのかが予測不能で、皆が不安と好奇の気持ちで見ているからである。トランプ氏の場合、過激な演説を続けながらも、事前の下馬評を覆してクリントン氏に競り勝ったこと自体が、サプライズの第1幕だった。

しかし、こうしたサプライズはマジックの場合と同様、多くの人の固定観念や既成概念を打ち破ることで生じるインパクトだ。マジックには必ず「タネ」があるといわれる。ただし、トランプのマジックには、長年の練習と鍛錬によって初めて習得できる技もあり、誰にでもすぐに演じられるようなものではない。

トランプ氏がどのような「トランプ・マジック」を演じてくれるのか、ここはひとつ、じっくり見届けることが必要ではないか。タネが見え見えの稚拙なマジックを演じれば、観客から見放されて、舞台から引きずり降ろされる。その点に関しては、トランプ氏も例外ではないのだから。

（経済　2016年12月14日）

役割を終えた？　年賀状

毎年多くの年賀状をもらうが、最近は年賀状を出すのとまったく同じ感覚で喪中はがきが送られてくるようになり、２０１７年は年賀状の１割にあたる枚数の喪中はがきが届いた。郵便局の窓口では販売強化を図っており、喪に服す本来の意味が失われてしまっている。

死を一種の穢《けが》れと捉える神道の世界では、故人の死を悼む間、穢れが他の人に波及しないように身を慎む。静かに蟄居《ちっきょ》する姿勢こそが合っている。そのため、喪に服すのはごく近い親族が亡くなった場合に限るのが通例だ。別居している祖父母、両親の兄弟まで喪中の範囲と考え、安易に喪中はがきを送付する傾向には違和感を覚える。

日常的にはＩＴの進展でメールが増え、手紙やはがきを認《したた》める機会は激減している。年賀はがきの発行も２００４年用の約44億5千万枚をピークに、その後8年間は毎年約1億枚ペースで減少し、17年用は約31億4千万枚まで落ち込んだ。

それればかりか、受け取った年賀状のうち、宛名が手書きだったのは1割にも満たない。決まり文句のあいさつ文が印刷された年賀状に、宛名ソフトで住所と氏名を印字して一斉投函しているにすぎず、もらう方も相手方の消息を確認するだけ。そうであるなら、はがき代や印刷代、さらには忙しい年末に大量に印刷する作業を省略したくなるのもうなずける。往年の年賀状は役割を終えたと捉えるべきなのかもしれない。

そんな中、２０１７年６月からはがきが値上げされる。消費増税時を除けば23年ぶりで、10円上がって62円になる。※これでは、はがき離れが加速するのは明らかで、年賀状依存の郵政事業も早急にビジネスモデルの変革を行うべきである。

（経済　２０１７年1月18日）

※はがきの価格については、その後２０１９年10月より消費税率10％への引き上げに伴い63円となった。さらに日本郵便は２０２４年６月に手紙やはがきの郵便料金を約３割値上げすると発表、同年10月１日よりはがきの価格は85円へと値上げされることになった。

ふるさと納税の課題

「地方創生」の一環として、２００８年から始まったふるさと納税制度が、今、大きな曲がり角に来ている。

寄付金から2千円を引いた金額が所得税や住民税から一定額控除される仕組みで、高額納税者にとっては、控除額が増え有利な制度である。また税収不足に悩む自治体は、高価な返礼品を用意して、多額の寄付を集めることに奔走するようになった。一方、大都市圏では住民税の控除額が増加し、行政サービスに支障を来しかねない状況になってきているという。

総務省のサイトには、制度の意義として（1）納税者が寄付先を選択すること（2）世話になった地域や応援したい地域の力になれること（3）自治体が国民に取り組みをアピールすることで自治体間の競争が進むこと、の三つが掲げられている。

これらの意義を字句通りに解釈するならば、納税者に好まれるような返礼品を用意して競争優位に立ち、正規の税収を超えた寄付の受け入れを行う自治体は何ら非難されるものではない。

しかし問題は、多くの納税者が自治体を選択する基準に、豪華な返礼品があるということである。総額が約３６５３億円となった17年度の場合、返礼品の調達や送付などにかかった経費の合計が半分超に上る。その分、自治体が実際に活用できる寄付額は大きく減り、ふるさと創生への貢献度も希薄になっている。

総務省はこれまで2度にわたり大臣通知を出し、趣旨に反するような返礼品や返礼割合の高い品物を慎むように要請した。ただ、寄付文化の根付いていないわが国の場合、寄付する側の意向だけでなく、税収減になる自治体側の取り組みが適切なのか、施策の実態についても検証すべきだろう。

（経済　２０１８年10月24日）

晩節を汚す最近の風潮

「人生は山登りのようなものだ」と例えられる。その際、本当に大切なのは、単に頂上を目指して「登ること」ではなく、登った「山から無事に下りきること」ではないかと思われる。目指す山は、高いか低いか、険しいか平坦《へいたん》かなど、それぞれにかなった登山の方法があると同時に、下山にも異なった対応が求められることも事実である。

日産のカルロス・ゴーン前会長の場合、高い山頂を極めたはずであるが、法的責任が問われている現在、下山をまたずして滑落してしまったように思われる。ここ数年、スポーツの世界でも、「晩節を汚す」生き方をする関係者を多く見かけた。つまり、登山にはたけていても、下山は不得手だという人が実に多いということだろう。成功者でありながら、後継者を育成することもなく、また能力的・体力的衰えも顧みず、恋々と地位に居座り続けることで、結局、周りからも疎んぜられ、老害の汚名を着せられる場合も多い。

世界最長寿国といわれるわが国の場合、年長者に最大限の敬意を払うことが美徳とされている。実際に高齢者が様々な領域で現役として活躍しており、一律に老害か否かとすることは厳に慎む必要があろう。

しかし大御所といわれる者でも、利権を有する取り巻きの甘言に乗って、自身の引き際を見極めることはなかなかできない。余力をもって潔く身を引くことがいかに難しいことであるか。とりわけ権力や名誉あるいは経済的利益を得た者は、人間の飽くなき欲望の下、自身の身の振り方に的確な判断が下せない場合が多い。若者に夢を持たせ、幅広い活躍の場を提供して力強い国づくりを託すためにも、成功者には、真に晩節を汚さない生き方が望まれる。

（経済　２０１９年2月28日）

過剰な自主規制は必要か

最近は、企業の不祥事だけでなく、個人の犯罪や不祥事に対しても、厳しい目が向けられる。人気タレントが逮捕・起訴されると、まずはイメージダウンの恐れから、出演しているコマーシャルの放映などは直ちに打ち切られる。映画やドラマも、上映・放映中止や収録のやり直しなどが講じられる。

確かに、その後も茶の間のテレビに登場する姿には抵抗感を抱く者もいるだろう。従って少なくとも罰を受け終えるまでは、人前に出て夢を与えるような仕事に就くことは困難だろうし、誰もキャストに指名しないだろう。

しかし、完成した映画や放映済みの番組のすべてを否定し抹消するといった、過剰ともいえる自主規制には違和感を禁じ得ない。そもそも映画やドラマ自体、多くが虚構の世界であり、そこで演じている役者も必ずしも現実の姿を映し出しているわけでもない。また作品の制作には多くの出演者とコストを伴っており、すべてを否定することで、関係者に多大な迷惑を及ぼし、極めて大きな社会的な損失をもたらすことになるからである。

不正や不祥事撲滅の対応として、一切容赦しない「不寛容の理論」というのがあるが、一方で「罪を憎んで人を憎まず」のことわざもある。過ちを犯した者には、当然に将来の更生に向けて罪の償いが求められる。ただ、過去の出演作品については、制作年月日などを明示することで歴史的な成果物として受け入れることは、広く社会の理解が得られるはずである。

いずれにしても、法に触れたり、人の道に背いたりするような行為や言動が、関係者に計り知れない大きな責任と経済的な負担を強いることになることを、我々は肝に銘ずべきである。

（経済　２０１９年3月29日）

再考、ふるさと納税制度

官製ネット通販と化してしまった「ふるさと納税」が制度創設以来、最大の危機を迎えている。本来は見返りを求めないのが寄付の原点でありながら、多くの自治体では、寄付者への高価な返礼品を用意して、多額の寄付を集めることに奔走するようになってしまった。そのため、都市と地方、地方間格差も拡大した。

6月から始まる新制度では過度な返礼品に歯止めをかけるため、寄付額の3割以下で地場産品に限定することを定めた。これは、総務省による後出しじゃんけんにも似た見せしめとしての制裁処分といえる。

ただ、返礼品の割合が寄付額の3割以下と定めること自体、どこに正当な論拠があるというのか。それどころか、今後は、すべての自治体で3割の返礼割合が既成事実化するであろう。地場産品についても一応の基準が示されているが、今後は指定獲得競争の激化も予想される。確かに過度な返礼品競争を主導した自治体の品格は問われるであろうが、見方を変えれば、商才に富んだ官吏がいたとの皮肉な評価もできる。

さらに、受益と負担という地方税の原則と異なるとの判断から、新制度への参加を辞退した東京都などは、今後、税額の流出はあっても、流入はほとんど考えられない。

現政権中枢の肝いりで始まった制度のため、総務省による極めて恣意的な運用が優先されてきたきらいがある。今後、広く国民の理解を得るためにも、一度原点に戻して再考する気概を示すべきである。例えば、各自治体の当初予算の一定割合を寄付額の上限とするといった対応も考えられる。誰もが納得のいく公正かつ公平な税負担の大原則を踏まえ、新生ふるさと納税制度の枠組みを考え直すべきである。

（経済　２０１９年5月29日）

芸能事務所の闇と驕り

わが国を代表する芸能プロダクションにおいて、ファンの気持ちを裏切る事態が発覚した。一つは吉本興業。複数の芸人による反社会的勢力への闇営業問題が発覚したが、その後の事務所の対応の杜撰《ずさん》さと無責任さで、問題をより大きくしてしまった。本人たちが謝罪会見を行いたいと申し出たのに対し、会社側は記者会見をした場合には関係者全員を連帯責任でクビにすると恫喝《どうかつ》したという。これは、企業の不祥事が発覚した時に取るべき行動として最悪の対応であり、会社の存続すら危うくする可能性がある。吉本興業のリスク管理の無さとガバナンス不全に驚愕《きょうがく》するばかりである。

もう一つはジャニーズ事務所。独立した元SMAPのメンバー3人をテレビ出演させないように圧力をかけていたという疑惑について、公正取引委員会から独占禁止法違反につながる恐れがあると注意を受けた。ジャニーズは、創業者の逝去に係る報道が創業者を礼賛し神格化するほどに過熱し、言わば、芸能プロダクションの正の部分のみに光が当てられていた感がぬぐえない。これまでも、大手事務所から独立したタレントがテレビなどに出られなくなる事例は枚挙にいとまがないのも事実である。しかし、これがきっかけで、各放送局の姿勢が厳しく問われる可能性もある。

これらは、タレントや芸人たちの人権すら無視するような不当な行為であり、芸能プロダクションの闇は深いと言わざるを得ない。また、強い立場の事務所が弱い立場の芸人らの生殺与奪の権を有している、といった驕《おご》りにこそ主たる要因がある。今こそ前近代的な環境を払拭《ふっしょく》して、ファンの期待に応える会社に生まれ変わることが求められる。

（経済　2019年7月31日）

年賀はがきと喪中はがき

毎年、年末になると頭が痛いのは、虚礼廃止がうたわれながら、惰性もあって年賀はがきをやめられないことである。一枚一枚宛名を手書きしていたころに比べれば、今は家庭用のパソコンとプリンターで印刷できるため、手間は省けている。

しかし、そもそもインターネットが生活に浸透した時代に、アナログ時代の慣行を続けることに意味があるのだろうか。人工的な印刷だけで肉筆のメッセージがなければ、新年の晴れやかな気持ちを伝えるには程遠い感がある。

実際に、年賀はがきの発行数は２００４年用の44億６千万枚をピークに、20年用は23億５千万枚とほぼ半減しており、年賀はがき離れが著しいのは明らかである。しかし、こうした傾向とは裏腹に、年末にもらう喪中はがきの多さには驚くばかりである。これは、明らかに年賀はがきの代替ととらえているからに他ならない。ただ喪中とはせいぜい、２親等以内の家族が亡くなったときに対応すべきものと思われるが、最近の傾向は遠い縁戚までも対象に含め、毎年のように送ってくる者がいるのには、あぜんとさせられる。

意思疎通の手段が劇的に変貌《へんぼう》している中で、どちらのはがきも、わが国独自の慣行として形式のみが踏襲され続けている。だから受け取った者からしても、差出人の心のこもった思いがほとんど伝わってこない。

ただ、郵便局に行くと、年賀はがきを販売する窓口で、併せて喪中はがきも宣伝しており、売り上げ減少をカバーしようとする意図が見て取れる。そろそろ新時代に合った年賀や喪中の伝達方法はどうあるべきか、旧来の慣行をどう継承していくべきか、真剣に考える段階に入っているようだ。

（経済　２０１９年12月27日）

印鑑文化との決別

成人を迎えた証しとして、父親から実印、銀行印そして認め印の3点セットの印鑑をもらったことから、自分の子供にも同じことをしてきた。社会人として一人前と認められるための一つの儀式が、印鑑登録をした実印を持ち、自分名義の銀行口座を開設することだからであった。本来は重要な職務遂行にとって不可欠とされた印鑑だが、実際には三文判と揶揄《やゆ》されるような安価なハンコを手にして、ほとんど儀式として押印しているに過ぎないのが実態だ。押印する者にとっては組織の中での地位を象徴するに過ぎず、逆に効率的な働き方を妨げる元凶でもある。

一方、世界の潮流は、サイン文化といっても過言ではない。実際、海外との契約に際しては、ハンコの出番はなく、すべて責任者のサインで統一されている。

今般のコロナ禍で、多くの会社組織が導入した在宅勤務でとりわけ不都合を感じたことは、必要書類への押印のためには、出社せざるを得ないということであった。そのため、政府も提言を受け、対面原則とともに、書面原則および押印原則について制度および運用上の見直しを進めることになった。

デジタル化が始まって長い時間が経過しているにもかかわらず、書面に押印するといった伝統的な実務や慣行は一向に見直されてこなかった。今日、パソコンやタブレットなどの電子機器を度外視した生活は考えられず、もはや電子署名や電子印鑑といった認証の手続きを採用することは避けられない。ハンコ文化から脱却して、国際標準に近い形での認証文化が早急に育まれるのであれば、コロナ禍によってもたらされた置き土産として評価できるであろう。

（経済　２０２０年5月30日）

排除の論理の政策運営

二転三転しつつ、前倒しでの実施が強行された政府の観光支援策「ＧｏＴｏトラベル」に対しては、正直、そこまでやるのかといった思いが強い。

そもそも政府は、新型コロナウイルスの感染収束を待って、一連の経済支援策を実施する予定であった。8月中旬を予定していたものの、経済優先の視点から、突如7月22日からの全国一斉実施を宣言し、観光業の現場も大混乱になった。

7月に入り、第2波とも思われる感染拡大が顕著となった東京では、外出することへの小池百合子知事による懸念表明が強くなされた。そのため、全国を対象にする予定だった観光支援策は、「東京を排除」して、当初の意図に反する形で強行されることとなった。

しかし、最大の経済圏である東京のみを排除することは、事業本来の趣旨とも異なるばかりか、民主主義社会における公平性の原則に抵触するものだ。

こうした政策運営は、「ふるさと納税制度」で、大阪府泉佐野市などを除外した手法と全く同じ構図だというのがわかる。返礼率が3割を超す自治体は、後出しジャンケン的に納税制度の対象外として、排除したのである。最高裁は6月、「泉佐野市をふるさと納税制度から除外したことは違法」との判決を下し、「排除の論理」を講じた国の対応を否定した。

自らの政策運営を阻害する者に対して、有無を言わせぬ強権的な対応を講じる姿勢には、背筋が凍る思いである。それは、「いじめの論理」に相通じる怖さがあり、健全な民主主義を否定するもので断じて容認し得ない。強者の論理が優先し、弱者の視点に立った政策運営がまひしていることの証左でもある。

（経済　2020年7月31日）

発信情報の意義と信頼性

個人情報保護法では、個人情報の利用と提供などについて厳格な規制を講じている。その半面、ツイッターやフェイスブックといった情報発信チャンネルの増大により、プライバシーの切り売りのごとく、特定の個人情報を頻繁に発信している者も多い。知名度の高い者の間では、結婚や離婚、妊娠や出産といった個人情報を、実名で発信するのが慣例のようになっている。

こうした状況を見ると、法制度の運用とはかけ離れ、実態的には個人情報の露出度合いが著しく高まっていることが危惧される。特にインターネットという無防備な状況下で個人情報をさらけ出すような風潮には、警鐘が鳴らされるべきであろう。

そもそも、広く発信される情報が意義を有するためには、そうした情報が真実であり、かつ、情報の受け手が的確な意思決定と判断を下すことができると思われる場合である。それに反して、信頼し得ない情報や明らかに広告宣伝に過ぎない情報の場合には、もはや発信する価値もなく、単なる雑音に過ぎない迷惑情報といえる。

安倍晋三首相は、国民に対してステイホームを要請した時に、星野源が歌う「うちで踊ろう」を流して、自宅ソファで愛犬を抱いてくつろぐ様子をツイッターで発信して、多くの国民からの批判を受けた。まったく無意味な情報発信だったからである。それに対して、コロナ感染症対策に関しての発信はほとんどなかった。健康不安が指摘され、結局は首相辞任に至る大事であったにもかかわらず、国民に対して十分な情報を発信して来なかった。国の宰相としてなすべき情報発信のあり方に対して、極めて大きな課題を残したものと言わざるを得ない。

（経済　２０２０年９月１日）

コロナ問題から何を学ぶ

新型コロナウイルスに振り回された1年であったが、コロナ問題を通じて、われわれは何を学んだのであろうか。いまだ自粛生活を余儀なくされているが、ワクチンの承認が得られれば、早晩、生活の正常化も期待されるところである。コロナを食い止めない限り、東京五輪・パラリンピックの開催もおぼつかない。

今春、感染が拡大し始めた2月末、安倍前首相は、唐突に小・中・高校に対して全国一斉休校を要請したことで教育現場に大混乱をもたらした。その後、不透明な業者選定によるアベノマスクの配布は時機を失し、利用している者の姿を見ることはほとんどなかった。さらに、中小企業に対する持続化給付金の業務委託の不透明さも指摘され、政治に対する不信感を増幅させただけであった。これらの失政は、安倍政権の政治判断であるが、その政策決定の過程が全てデュープロセス（正当な手続き）を経ていないことに起因するものだったのである。

科学的な分析と専門家を交えた熟慮による政策決定ではなく、拙速を尊ぶ視点から、性急な政治判断による結果であったことは否めない。しかし、その場合であっても、最低限、エビデンス（証拠）に基づいた説明がなされるべきことは、政治の責任である。

この点、菅首相になってからも、日本学術会議委員の説明無き任命拒否、さらに専門家の判断を軽視する形で「ＧｏＴｏ」キャンペーンにこだわり続けたことから、更なる感染拡大をもたらしており、同じ轍《てつ》を踏んでいる。政治家として謙虚にアカウンタビリティ（説明責任）を果たすという大前提にこそ、政治に対する信頼の礎があることを忘れてはならない。

（経済　２０２０年12月31日）

公務員倫理とは何なのか？

今、手元に国家公務員倫理審査会が編集した『国家公務員倫理教本』という30ページほどの小冊子がある。そもそもは、1990年代に相次いで露呈した公務員の不祥事を契機に、99年に制定された国家公務員倫理法と、2000年制定の国家公務員倫理規程の解説書である。公務員向けの指南書だが、ビジネス社会における倫理問題を考える際にも、極めて有益な代物だ。

20年の歳月をへて、またぞろ総務省と農林水産省の複数の幹部らによる倫理違反事案が発覚した。倫理法は「職務の執行の公正さに対する国民の疑惑や不信を招くような行為の防止」を図る目的で制定されており、そこでは、利害関係者との間の規制について、詳細な解説が施されている。今般、特に問題になっているのは、許認可権を持つ総務省の管轄下にある放送関連事業者の会社役員による、接待漬けの事案である。同社に勤務する菅義偉首相の長男が深く関与していた。

思い起こすのは、安倍晋三前首相の時も、獣医学部新設の申請をしていた加計学園の理事長と首相自ら懇意にしていた事実、さらに新設予定の小学校の認可に際して、安倍昭恵氏との密接な関係が指摘された森友学園の事案とも相通じる。人事権を握られている立場の者には逆らえず、忖度《そんたく》するというのであろうか。

倫理の問題は「疑わしきは避ける」という潔癖な信念と覚悟を保持できているかということである。関係者の国会答弁を聞くにつけ、「当初は利害関係者とは思わなかった」という低レベルの弁解に終始した。まさに、恥を知れと言わざるを得ない。今こそすべての公務員が、真に国民全体の奉仕者であるかを謙虚に見つめ直すべきである。

（経済　2021年3月3日）

不幸なボタンの掛け違い

4年に1度の祭典ということもあり、その招致と準備に長い年月を要するからだろう。本年開催予定の東京五輪・パラリンピックをめぐっては、招致買収疑惑による竹田恒和・日本オリンピック委員会（JOC）会長の退任をはじめ、あまりにも多くの不祥事や課題が露呈した。そのため2013年に東京大会の招致を主導した立役者のほとんどが、自身の不祥事により退場を余儀なくされた。

不透明な借入金問題により、公職選挙法違反の罪を問われた猪瀬直樹氏は13年に都知事を辞任。15年には、国立競技場の高額建設費問題と大会エンブレムの盗作問題が起きた。

コロナ禍で1年の大会延期後も、開閉会式の演出チームが明確な説明もなく解散するとともに、後任に就任した統括責任者の不適切な演出案の発覚により、辞任を余儀なくされた。直前には、大会組織委員会の森喜朗前会長による女性蔑視発言も加わり、不祥事の連鎖は止まらない。

東京2020大会の基本コンセプトの一つとして、「一人ひとりが互いを認め合う」ことでの多様性と調和がうたわれている。にもかかわらず、開催に水を差す出来事が次々に露呈したことは、皮肉としか言いようがない。新しい時代の多様な価値観、次世代を担う新しい力を全面に採り入れてこそ、世紀の祭典にふさわしい。しかし、過去の栄光や旧態依然とした組織運営を念頭に、いわゆる男社会の年長者による時代錯誤的な認識がはびこっていることに、痛恨の落とし穴があった。途中でのボタンの掛け違いを修復できていない点に最大の不幸があることを肝に銘じ、多くの女性理事が入った組織委員会が、軌道修正に向け全力投球すべきである。

（経済　2021年4月6日）

未知のリスク対応の基本

1年半にわたる新型コロナ感染症との闘いが続き、政府のリスク対応の失敗や「コロナ疲れ」もあり、オリンピックの開催に暗雲が立ち込めている。東京の場合、2020年4月の緊急事態宣言後も、再延長期間を含めれば、ほぼ半年間にわたり不自由な生活を強いられている。これほどの長期間、緊張感をもって外出自粛を続けることは至難の業であり、もはや我慢の限界を超えている。先の見えない中で休業や時短営業を強いられている飲食店や商業施設、各種のイベントなどの主催者には、必要な説明と公平な補償を行えているのか、甚だ疑問だ。

企業経営の場合でも、適時かつ的確なリスク管理が持続的な発展の要といえる。経験したことのない未知のリスクへの対応は、常に最悪の状況を想定した厳格なリスク管理こそが鉄則で、もぐらたたきのような小刻みな対応では、事態を悪化させるだけである。その点、わが国のこれまでの誤った対応は、リスク認識の甘さを如実に示しており、政府に対する不信感は極限にまで高まっている。

それどころか、経済を優先させる目的で始められた2020年7月から12月までの「GoToキャンペーン」は、何としても避けなければならない人流の促進を図るものであり、コロナ対応から見て、まさに逆行する愚策であったといえる。

いま菅義偉総理がなすべきことは、これまでの失策を謙虚に認め、自らに都合の良いアリバイ作りのためではなく、感染症の完全抑止に向け、医療専門家の判断に真摯に耳を傾けることである。惰性となった外出自粛に対し、場当たり的な説明に終始している限り、国民の納得を得られず、政府の信頼を回復する道も程遠い。

（経済　2021年5月21日）

消失した「おもてなし」

２０１３年9月、アルゼンチンのブエノスアイレスで行われた、東京オリンピック招致に向けた滝川クリステルさんのプレゼンは、世界の人々を魅了した。誇れる日本の文化としての「お・も・て・な・し」を広く世界に発信したのである。そして、すべての日本人に対して、おもてなしの心を再確認させることにもなった。

「おもてなし」の要素が最大限に発揮されるのは、人と人との直接的な関わりを要する「接客」の場だといえる。残念ながらオリンピック・パラリンピックは無観客で行われたが、幾つかの場面で、大会ボランティアのおもてなしの心が発揮されたことは日本の誇りといえるであろう。

しかし、海外からの参加者に対して、準備を重ねてきた多くの関係者においては、ほとんどが不発に終わった。２０２０年からの新型コロナ感染症の拡大が続き、不要不急の外出自粛や営業制限により、接客の場に足を運ぶことが極めて困難になっているからである。それどころか、飲食業、ホテル・旅館などの宿泊観光業、鉄道や航空業界では顧客の大幅減少で、事業活動の継続に暗雲が漂っている。

テレワークやリモート会議など、情報機器を利用した行動様式は、従来のビジネスモデルや生活様式を一変させている。それは、人との直接的な接触や関わりを極力排除し、遠隔操作でのコミュニケーションを基本とするものであり、「おもてなし」を体現する場が消失してしまっていることを意味する。こうした行動様式が主流となれば、日本が誇る「おもてなし」の心は、更に希薄化してしまうのであろうか。再び、おもてなしに満ちた健全な社会が一日も早く訪れることを願う。

（経済　2021年9月11日）

再考、説明責任の不履行

「政治とカネ」の問題で国家の信頼を失墜させた政治家は枚挙にいとまがない。そればかりか、疑惑を持たれた政治家の中には潔白を証明するということで記者会見を行い、そのことをもって「説明責任を果たした」と吹聴する者もいる。そもそも説明責任の履行とは、疑惑を抱く者に対して、立証すべき事柄に関する真実かつ客観的な証拠を示すとともに、十分な理解と納得を得ることで初めて達成される。

岸田文雄自民党総裁は過去に「政治とカネ」の問題で大臣を辞任し、いまだ明確な説明責任を履行していない甘利明元経済再生相と小渕優子元経済産業相を党の重要ポストに据えた。幹事長就任に際して甘利氏は、過去の疑惑に関して「捜査が行われ、結論は不起訴となった」と強調し、長時間の記者会見で説明責任を果たしたとの認識を表明した。しかし、当時は健康上の理由で表舞台から消え、国民が納得する説明はなされていない。元秘書が政治資金規正法違反で有罪になった小渕氏も自身の資金管理団体で判明した約1億円の簿外支出について「資料がない」として説明を尽くさなかった。
安倍政権時代の「森友問題の文書改ざん」、「加計学園」問題、「桜を見る会」、そして菅政権時代の「学術会議任命拒否」問題など、政治家としての説明責任は一切履行されていない。うその上塗りと頬かむりを続けることで、説明責任から逃れられると考えるのであれば、政治に対する不信感は増幅し、必ずや社会から厳しい鉄槌が下されるであろう。今こそ「説明責任を果たす」ことが政治の信頼を回復し、かつ民主主義社会の発展に寄与するものであることをすべての関係者が理解すべきである。

（経済　2021年10月13日）

あとがきに代えて

21世紀に入り、はや四半世紀の時が経過してきている。本書で取り上げた会計、監査、そしてガバナンスに関連したテーマは、まさに、この21世紀に入ってから問われ続けてきている課題である。縁あって、２００1年に青山学院大学に移籍したのであるが、ほぼ時を同じくして、会計不正を中心とした企業不祥事が多発し始めたことから、こうした問題に真正面から取り組むことになったのである。

20世紀までは、真実な財務情報を作成・開示することを主眼とする会計と、そうした情報の信頼性を担保するための監査の両輪が機能することで、資本市場の信頼性が確保されるといわれ続けてきた。しかし、会計も監査も基本的には、企業活動の後追い作業であることから、多くの会計不正事件等を通じて、不正の防止・抑止のためには無力であることが、知らしめられた。そこで、企業活動の中核をなす有効な内部統制、さらには、組織運営の健全性を確保するための強靭なガバナンスを構築し運用を図ることが不正対策には必須であることが理解されるようになったのである。

そうした思いを踏まえて、２０１8年1月27日には、「わが国会計・監査の発展と課題―青山学院で過ごした時代を振り返りつつ」と題する最終講義を行うことができたのである。

「わが国会計・監査の発展と課題──。青山学院で過ごした時代を振り返りつつ」

修士論文のテーマに「重要性概念」の再検討を選んだ私の研究者としての原点には、常に自らの監査実務の体験や目の前の事例を通して浮かび上がる疑問を解き明かしたい、という探求心があった。例えば1980年代半ばに企業の内部統制という課題を取り上げたのも、会計や監査がどんなに頑張ろうとも、当事者である企業の認識が甘ければ意味がないのではないか、という気づきが端緒になった。まさか30年を経て法律にそれが明記され、自分が金融庁の審議会の内部統制部会長を拝命されるなど、ゆめゆめ思わなかったのだが。

私が青山学院大学に移籍した2001年の暮れ、エンロン事件が起こった。危機感を募らせた米国政府は、市場改革のメルクマールとして、企業改革法（SOX法）を制定する。条文を精読すると、その背後にある考え方＝ガバナンスの重要性がよく理解できた。それ以来、健全な資本市場を構築するためには、「会計、監査、ガバナンスの三位一体改革」が不可欠であるという視座が、私の中に定まった。

「エンロン」は対岸の火事にとどまらず、わが国でも直近の東芝事件に至るまで、会計不正が続発している。企業不祥事だけではない。議員の「政治資金」「政務活動費」の不正も、新国立競技場建設や築地市場移転にかかわる杜撰な工事費の問題にしても、突き詰めれば呆れるほどの会計的視点の欠落が招いたものといっていい。では、〝会計〟とは何か？ Accounting＝会計というのが、そもそも誤訳である。それは、アカウンタビリティ、説明責任、報告責任が原義で〝銭勘定〟とは違う。私に訳せと言われたら、「説明理論」「報告学」とでもするだろう。説明のための素材が決算書であり、その真実性を確保するのが会計監査なのだ。そうした原点に戻る意義が、ますます大きくなっているように思う。

私自身は、「会計や監査を勉強してよかった」と思うことが多々ある。例えば複眼的思考を身につけられたことだ。簿記は、売り手と買い手のように、常に一つの事実を2面的に把握する。ともすれば〝売り手の論理〟に走りがちになるところを、相手の立場も含めて複眼で、俯瞰的に眺める訓練をしたことは、実生活の様々な場面においても役に立つ。ただし、残念ながら現在の会計業界は、いま一つ魅力を欠き、優秀な人がなかなか参画してこないという現実がある。そこを変えるためには、今いる会計人が社会的なリスペクトに足る職業人になる必要がある。パブリック・インタレストを守るという、強い覚悟を持たなければいけない。

魅力ある職域は広がっている。私は早稲田大学の修士課程で日下部與市教授の指導を受け、監査論の虜になった。亡くなる直前の講義で、「会計専門職には批判的機能、指導的機能があるのは当然として、これからは創造的機能が期待されている」とおっしゃったのは、強く印象に残る。それがどういうことなのか、2014年の論文※で私なりの結論を出した。会計士は、最先端の経済活動に触れることができる。現存の会計基準に収まらない経済取引が現れたら、それをどう処理すればいいのか、提言できる立場にある。要するに、会計基準に従うだけでなく、それをつくり上げるイニシアチブを取る—会計人ならではの、創造的任務といえるのではないか。

気がつけば、戦後日本の会計監査制度発展の歴史の過半を経験してきた。国際的な信頼を勝ち取るためにも、これからも常に制度の見直しと改革が必要になるだろう。私自身〝終わりのない旅〟が続くような気がしている。研究者、教育者として私をここまで育て、フォローしてくださった幾多の方々に、心から感謝したい。

（AM　2018年4月1日）

※「監査人としての会計プロフェッションの創造的機能」『会計プロフェッション』（青山学院大学）、第9号、2014年。

最終講義で強く意識したことは、いわゆる民主主義社会において求められる自己責任の原則を貫くためには、個々人が適切な意思決定を行うために必要な真実の情報が適時に入手できる状況が保証されていなければならないということである。そうした情報の作成と開示の重要性を学ぶこと、それこそが、いわゆる会計を学ぶことを意味しているのである。

このように、会計は、あらゆる経済社会において不可欠の機能を有しており、すべての人々にとって具備すべき、座右の素養（リテラシー）であると称しても過言ではないであろう。

こうした問題意識を持ちつつ、本書では、会計、監査、そしてガバナンスに関して惹起されている多様な課題を克服するための提言等も行ってきている。

というのも、わが国経済社会で露呈してきている綻びの多くは、まさに、「会計後進国」との汚名を着せられるのに十分なほどの深刻な問題を抱えている、との危機意識を有しているからである。

読者諸賢におかれては、本書を通じて、こうした危機意識が顕在化しない社会の構築に貢献してもらえればと願っている。

〈著者紹介〉

八田　進二（はった・しんじ）

1949年名古屋市生まれ
大原大学院大学会計研究科教授，青山学院大学名誉教授，
博士（プロフェッショナル会計学・青山学院大学）
これまでに，日本監査研究学会会長，日本内部統制研究学会（現，日本ガバナンス研究学会）会長，会計大学院協会理事長，金融庁企業会計審議会委員（内部統制部会長・監査部会長），金融庁「会計監査の在り方に関する懇談会」座長，文部科学省「学校法人のガバナンスに関する有識者会議」委員，文部科学省「学校法人ガバナンス改革会議」委員，さらに複数の企業の社外監査役などを歴任

〈主な著書〉
『組織ガバナンスのインテリジェンス－ガバナンス立国を目指して－』，『体験的ガバナンス論－健全なガバナンスが組織を強くする－』，『「第三者委員会」の欺瞞』，『会計。道草・寄り道・回り道』，『鼎談 不正－最前線 これまでの不正，これからの不正』，『会計プロフェッションと監査－会計・監査・ガバナンスの視点から－』，『会計・監査・ガバナンスの基本課題』など他多数

2024年10月10日　　初版発行　　　　　　略称：憂国ガバナンス

憂国の会計・監査・ガバナンス

著　者　ⓒ八　田　進　二
出版者　　中　島　豊　彦

発行所　**同　文　舘　出　版　株　式　会　社**
東京都千代田区神田神保町1-41　　〒101-0051
電話　営業(03)3294-1801　　編集(03)3294-1803
振替 00100-8-42935　　https://www.dobunkan.co.jp

Printed in Japan 2024

製版：一企画
印刷・製本：萩原印刷
装丁：オセロ

ISBN978-4-495-21059-5